这才是你该追的星

钱学森

付小平　付翊霖 / 编著
于　尧 / 绘

电子工业出版社
Publishing House of Electronics Industry
北京·BEIJING

未经许可，不得以任何方式复制或抄袭本书之部分或全部内容。
版权所有，侵权必究。

图书在版编目（CIP）数据

这才是你该追的星．钱学森／付小平，付翊霖编著；于尧绘．—北京：电子工业出版社，2023.3

ISBN 978-7-121-44236-0

Ⅰ．①这… Ⅱ．①付… ②付… ③于… Ⅲ．①钱学森（1911－2009）—生平事迹—少儿读物 Ⅳ．① K826.16-49

中国版本图书馆 CIP 数据核字（2022）第 171049 号

责任编辑：杨雅琳
印　　刷：天津善印科技有限公司
装　　订：天津善印科技有限公司
出版发行：电子工业出版社
　　　　　北京市海淀区万寿路 173 信箱　邮编：100036
开　　本：880×1230　1/32　印张：21.5　字数：430 千字
版　　次：2023 年 3 月第 1 版
印　　次：2023 年 3 月第 1 次印刷
定　　价：168.00 元（全 5 册）

凡所购买电子工业出版社图书有缺损问题，请向购买书店调换。若书店售缺，请与本社发行部联系，联系及邮购电话：(010) 88254888，88258888。

质量投诉请发邮件至 zlts@phei.com.cn，盗版侵权举报请发邮件至 dbqq@phei.com.cn。

本书咨询联系方式：(010) 88254210，influence@phei.com.cn，微信号：yingxianglibook。

我为什么要写这套书
——这是写给父母看的

当我家二宝小雨四岁多时,有一天,我们全家一起在外面散步,他突然看见路边长着一种锯齿形的野草,于是就欣喜地蹲下来仔细观察。等他起身后,我给他讲了鲁班通过仔细观察划破自己手的野草叶子发明了锯子的故事。

听完后,他竟然又蹲下身去再次观察路边的野草。一路上,他意犹未尽,不断地向我提了很多他好奇的问题:鲁班的手是不是很疼啊,他的锯子是用什么材料做成的呢,锯子是用来干什么的呀,等等。

从那以后,我每天都给他讲一个科学家的小故事。比如,钱学森上小学时,折的纸飞镖飞得总是又稳又准;

这才是你该追的星
钱学森

茅以升小时候因听闻南京秦淮河文德桥倒塌的事故而立下造桥宏愿；李四光从小就对石头感到很好奇；等等。

他每一次都听得津津有味，还会提出很多稀奇古怪的问题，有些我绞尽脑汁都回答不了。每当此时，我就和他一起翻看百科全书或上网去寻找答案。

最令我意外的是，凡是我给他讲过的故事，经过一段时间后，他仍对其中的一些细节记忆犹新，甚至还能内化于心、外化于行。

记得我曾给他讲过钱学森在上大学时主动要求老师给自己扣分的故事。没想到，在他上小学二年级时，一次平时测验后数学老师给他打了满分，他主动去告诉老师，自己有个地方应该扣分。

回家后，他一五一十地给我讲了这件事情。他还告诉我，正是一年前我跟他讲过的钱学森的那个故事，让他明白了诚实比分数更重要的道理。

其实，自从我坚持每天给二宝小雨讲一个科学家的故事起，我就在想，这些既有趣又有意义的科学家故事，应该是很多小朋友都爱听的，并且还会让他们长久受益。

既然如此，我觉得自己有必要将这些科学家的故事整理成适合青少年朋友们阅读的图书。当我把自己的想法跟电子工业出版社的老朋友潘炜老师交流后，我们一拍即合，决定正式出版一套给孩子励志的中国科学家系列丛书。

于是，三年多前，我开启了这套书的创作之旅，经过反复打磨、多次修改，终于在今年春节后全部定稿了。

作为这套书的作者，同时也是两个孩子的父亲，为了能让这套书尽可能帮助到孩子的成长，我想就家长朋友们关心的几个问题，分享自己的几点思考。

1. 为什么要让孩子读科学家的故事？

您或许会有这样的疑惑，我家孩子将来并不一定会成为科学家，那还有必要花时间读这套书吗？

我想说的是，每个孩子都有自己的人生志向，也不必都把孩子往科学家这条路上指引。但是，很多科学家之所以后来成了伟大的科学家，恰恰是小时候的某个经历为他播下了一颗种子，并在父母的极大鼓励和悉心呵护下，最终才长成了一棵参天大树。

我们这套书的第一辑，一共写了五位近现代的中国科学家，他们几乎都是家喻户晓的伟大人物，大部分在中小学课本中出现过，可以说每位科学家在孩子们的心目中应该都称得上是"大神"级的人物。

他们的一生中发生过无数故事，或可歌可泣，或惊心动魄，或催人奋进。这其中的某个或某些故事，最后很可能就在不知不觉中，成为激励孩子实现伟大梦想的种子。这一点，或许才是最重要的。

2. 为什么要鼓励孩子把科学家作为偶像？

您或许会有这样的疑惑，孩子的偶像可以有很多，为什么一定要鼓励孩子把科学家作为自己崇拜的偶像呢？

我想说的是，每个孩子的偶像也许有很多，可以是北京冬奥会上那些拼尽全力才站到领奖台上的体育明星，也可以是足智多谋、运筹帷幄的政治家和军事家，还可以是文采飞扬、下笔如有神的文学家和大作家。但是，科学家身上有一种独特的精神和气质，能带给孩子们不一样的人格力量和学习动能。

我自己在写作和修改书稿的过程中，就一次又一次在精神上得到洗礼，在灵魂上得到升华，在人格上得到滋养。我相信，您的孩子在阅读科学家的故事时，也一定能收到同样的效果。更为关键的是，他们还是在人生观和价值观逐步成型的这一重要成长时期收获的。这其实也是我为什么要让正在读初中的大宝伊伊，一起参与部分书稿的撰写和修改的重要原因。

3. 为什么要采用第一人称写作？

您或许会有这样的疑惑，为什么要用第一人称模仿科学家本人的语气来写他们的故事？

我想说的是，全部采用第一人称的口吻、以科学家自述的方式撰写，主要是为了让孩子们感到更亲切，就像面对面听科学家讲自己的故事一样，让他们产生身临其境、历历在目的阅读快感，让孩子们跟随这些科学家去体验他们跌宕起伏的人生经历。

此外，我要特别指出的是，为了让孩子们从科学家的人生经历中获得人生启迪和成长智慧的同时，还能尽量收获更多的科普知识，进一步拓展孩子们的视野，我们特意在每本书的每个篇章增加了"科普小贴士"这个板块。请记得提醒孩子在阅读过程中不要忽略它们。

最后，我还想说的是，在写作每一位科学家的故事时，我们查阅了大量可靠的资料，甚至还专程跑到这些科学家的纪念馆或故居实地走访。无论从书中获得的详实资料，还是在现场得到的一手资料，都尽可能确保真实和准确。但也难免会有疏忽或不当之处，所以还请各位朋友不吝赐教，多提宝贵意见，以便我们在今后的再版中进一步修改和完善。

你为什么要追这些"星"
——这是写给孩子看的

每个孩子都喜欢听别人的故事，无论虚构的神话或童话中的人物，还是史书中记载的真实人物，抑或小说中描绘的各种角色。但科学家的故事是不一样的，它们既是真实发生过的事情，也是被载入史册的历史，更是让你倍感亲切的身边事。

当然，再催人奋进、惊天动地的故事，如果讲得不好，难免会显得陌生和遥远，让你觉得"他的事"压根就"不关我的事"。再生动美丽、活灵活现的故事，如果没有人好好来写，难免会显得枯燥和乏味，让你吊不起自己的"故事胃口"。

现在，这些伟大的人与事，通过第一人称自述的方式,即将在你手上这套丛书中鲜活起来,在你眼前这些画面和文字中灵动起来。

那些本来陌生的科学家,一一跃然纸上,把他们一生所经历的风风雨雨、所创造的各种奇迹,像朋友聊天一样与你分享。原本如流水账的"某年某月某日发生某件事",如今却像电视连续剧一般,在你眼前一幕幕地放映。

这样读故事,一定会让你感到无比痛快,既扣人心弦,又触及灵魂。

我们有幸生长在一个伟大的时代。伟大时代呼唤伟大精神,也需要伟大的榜样引领,而这些伟大的科学家,就是最值得你崇拜的偶像,也是你最应该追的"星"。

真正的偶像,一定会有激发精神的力量。他们不仅是你的偶像,也很可能成为你的"幸运之神"。偶像对于我们的意义,就是要我们去学习他身上的优点,弘扬他身上的精神,然后激励自己去学习他、成为他、超越他。

每一位科学家身上,都体现了"胸怀祖国、服务人民的爱国精神,勇攀高峰、敢为人先的创新精神,追求真理、严谨治学的求实精

这才是你该追的星
钱学森

神,淡泊名利、潜心研究的奉献精神,集智攻关、团结协作的协同精神,甘为人梯、奖掖后学的育人精神"。我相信,这些精神,一定能带给你榜样的力量,永远滋养你的灵魂。

真正的偶像,一定会给他人带来人生的引领。他们不仅是你的偶像,也能成为你的"梦想成真的护佑之神"。很多伟大的人物,虽然已经离开了这个世界,但并没有消失在黑夜里,反而化身为一颗颗耀眼的星星,照亮后人前行的路。

就像一百年前的李大钊先生,他就是那些希望改变中国、救亡图存的有志青年的偶像。每一位伟大的科学家,就是如今那些希望复兴中华、科技强国的有志青年的偶像。我相信,他们一定能带给你梦想的种子,始终指引你的人生航向。

真正的偶像,一定是会被时间记住的"明星"。他们不仅是你的偶像,也很可能帮助你消除对偶像的盲从。我们可以追的"星"有很多,但追星千万不可盲从。钟南山院士曾说过这样一句话:"成为偶像的目的就是要更好消除年轻人对偶像的盲从,通过偶像学到他们对问题的看法,更多地问问为什么。"

我们真正应该追的"星",他应该给人带来奋发的能量、向上的力量，能让我们成为更好的自己。就像把一生写在稻田里，把功勋写在大地上，"把中国人的饭碗牢牢端在自己手中"的袁隆平院士。

真心希望这套丛书，能带给你不一样的快意阅读，能让你找到值得追一辈子的"星"。

现在，就请你跟我一起走进科学家的世界吧！

抵得上5个师的科学家

有这样一位中国科学家,他在美国留学和工作20年,历经艰难困苦、突破层层阻碍回国。在他回国前,时任美国国防部海军次长丹·金贝尔说:"无论如何都不能让钱学森回国,他太有价值了,抵得上5个师的兵力!"

一个师有一万多人,也就意味着,这个科学家一个人的力量,比五六万人的力量还要大。这个至少抵得上5个师的伟大科学家,就是闻名世界、在中国家喻户晓的大人物,他的名字叫钱学森。

钱学森的故事,犹如史诗,既亲历了20世纪最惊心动魄的科学技术革命,也见证了20世纪上半叶国际、国内的各种政治冲突和战争风云。

他曾说："我的一腔热血只图报国。我的根在中国。"1955年，从美国归来后，他就把全部心血献给了中国的航天事业，使中国的导弹和原子弹的发射进程向前推进了至少20年。

他革新了中国的导弹科学，从无到有地开创了中国的火箭事业，他是中国航天事业奠基人，也是全世界顶尖的科学家。他始终坚信"外国人能搞的，中国人也能搞"。

他曾获"两弹一星"功勋奖章、国家杰出科学家终身成就奖。他是世界著名的空气动力学家，曾任中国科学院院士、中国工程院院士。

大家都尊称他为中国火箭之父、导弹之父和航天之父。

《中国青年报》在2003年10月进行过一次电话抽样调查：谁是"中国首席科学家"？钱学森以33.2%的提名率成为民选的"中国首席科学家"。

目录

CONTENTS

001	01	我是钱学森
003	02	父母是我的第一任老师
008	03	藏在纸飞镖里的科学
013	04	一辈子都忘不了的6年
023	05	宁要诚实，不要满分
030	06	差点名落孙山的庚款留学生
036	07	我的考卷吓退好事者
043	08	成为冯·卡门的左膀右臂
050	09	加盟"自杀俱乐部"
061	10	改变人生的一份绝密情报
071	11	审讯德国"火箭之王"

目录

- 077 — 12 重回麻省获终身教职
- 083 — 13 遭遇人生的大麻烦
- 093 — 14 成功寄出一封求助信
- 100 — 15 外国能造的,中国同样能造
- 109 — 16 成功发射"争气弹"
- 120 — 17 导弹不能带着疑点上天
- 133 — 18 "两弹一星"终圆满
- 144 — 19 退居二线,发挥余热

01
我是钱学森

亲爱的读者们,你们好,我是钱学森。

1911年12月11日,我出生在上海,是家中的独生子。

我的爸爸叫钱家治,字均夫,是浙江杭州丝商大贾的次子,成年后到日本留学。1910年,他毅然回国,在上海成立了"劝学堂",教授热血青年,投身民主革命。他还先后两次出任浙江省立第一中学(今杭州高级中学)校长。

1914年,他到当时位于北京的教育部任职,主要职责是监督中小学的教学事务、修订教科书等。1928年,国民政府南迁以后,他又被派往浙江省教

育厅任督学。1956年,他被聘为中央文史馆馆员。

我的妈妈叫章兰娟,她受过正统的古文教育,她的父母还专门为她请了一名私人教师,教授琴棋书画。

她的计算能力与记忆力极强,具有很高的数学天赋,同时心灵手巧、富有想象力,尤其擅长刺绣。她绣出的金丝珍珠鞋,堪称精美的工艺品,邻居们都口口相传,啧啧称赞。

我家按照"继承家学,永守箴规"这八个字,论辈取名,我是"学"字辈。爸爸最初打算用"林"字作为我的名字,后来索性再加一个木,变成"森"。

"学森"的谐音是"学深",也有学问深远之意。这充分体现了初为人父的他对我的殷殷期待。

科学家小故事

签名像"化学系"

钱学森的个人签名,有时候看上去很像"化学系"这3个字,所以后来当他从事"两弹一星"工作时,出于保密的需要,有人就用"化学系"作为钱学森的代号。

02
父母是我的第一任老师

> **科普小贴士**
>
> ### 世界航天第一人
>
> 14世纪末期,明朝的士大夫万户把47个自制的火箭绑在椅子上,自己坐在椅子上,双手举着大风筝。他设想利用火箭的推力飞上天空,然后利用风筝平稳着陆。
>
> 火箭点燃后,徐徐上升,当人们欢呼时,火箭发生了爆炸,万户为此献出了宝贵的生命。但他仍然成了世界航天第一人,他用他的行动鼓舞了后人的飞天梦想。
>
> 英国火箭专家W.麦克斯韦尔说,万户的事迹是早期火箭史中的一件重大事件。20世纪70年代,国际天文联合会将月球背面的一座环形山,命名为"Wan Hoo"(万户)。

> 这才是你该追的星
> 钱学森

妈妈注重培养我的人格

从我咿呀学语开始，爸爸妈妈就非常重视我的启蒙教育。后来听妈妈说，我在3岁时就已经能背诵上百首古诗词了，还能心算加减乘除。

在我还不到上学读书的年龄时，妈妈每日都给年幼的我安排功课，在家中教我读书识字。

当然啦，我从小就很勤奋，每天清晨不用妈妈催促就按时起床。早饭后，我就开始跟着妈妈背诵古诗词，累了就读一些儿童读物。下午，我或者画画，或者练习毛笔字。每天如此，从不间断。

随着年龄的增长，我对知识的渴求也越来越强烈了。于是，我开始把目光转向爸爸的大书橱，对那些厚厚的书产生了浓厚的兴趣。看不懂的，我就主动去向妈妈请教。

除了注重我的知识学习，妈妈还特别注重培养我的人格，通常采取启发教育的方式。

记得在我很小的时候，我最爱听妈妈给我讲岳飞精忠报国、杜甫忧国忧民、诸葛亮为蜀汉大业"鞠躬尽瘁，死而后已"等爱国故事，还有古人头悬梁锥刺股、凿壁借光发奋苦读等勤学故事，以及孔融让梨、司马光砸缸等哲理故事。

我的妈妈乐善好施，虽然出身富商人家，但她却非常同情生活在社会底层的老百姓的疾苦。

儿时的我经常会看到这样一幕，自家那扇大门被苦于生计、上门求助的邻居敲开，妈妈总是很温和、热情地接待这些邻居和朋友，家中有的，尽管借去，借去的钱粮，确实无力偿还的，她也绝不再向这些邻居提起。

爸爸注意培养我对大自然的感情

在我的少年时代，几乎每年的春秋季节，爸爸都要带我到北京郊区的农村或风景优美的香山、西山去郊游。

在郊游中，他告诉我，人是大自然的一部分，人与大自然有一种不能分离的缘分。在他的引导启发下，我从小就热爱生活，热爱大自然，与大自然建立了浓厚的感情。

记得在我很小的时候，有一次我和爸爸一起去游香山，在野餐之后，我们就躺在草地上，仰望头顶的蓝天、白云。

就在这时，一只在高空盘旋的苍鹰突然闯入了我的视野。我眼睛一眨不眨地盯着时远时近的苍鹰，直到那只苍鹰已经飞入白云之中，消失得无影无踪。随后，我揉了揉眼睛对爸爸说，我想变成一只大鸟，到蓝天上去

这才是你该追的星
钱学森

遨游。

于是,爸爸就不失时机地给我讲述了庄周的《逍遥游》。我一下子就被其中的大鹏鸟的故事深深吸引和打动了,马上就对爸爸说:"我要学大鹏鸟,到天空去遨游!"

大概我在刚满5岁的时候,我就可以自己读懂《水浒传》了,那时我对梁山泊的那些英雄人物特别感兴趣。"36天罡,72地煞"都是我心目中的英雄。

有一天,我好奇地问爸爸:"《水浒传》里的108个英雄,原来是天上的108颗星星下凡到人间的。那么,人间的大人物,做大事情的人,是不是都是天上的星星呀?"

他被我的这个问题问愣住了,一时不知道应该怎么回答。过了一会,他才笑着对我说:"其实,所有的英雄和大人物,都不是天上的星星,他们原本都是普通人。"

我听完爸

爸的话，眨巴着大眼睛认真地对他说："如果英雄不是天上的星星变的，那我也可以做英雄了。"

我刚说完，他就赶紧接过我的话："你当然也可以做英雄啦。但是，你必须好好读书，努力学习知识，贡献社会。"

> **科学家小故事**
>
> ### "父亲教我要向前看"
>
> 大半个世纪以后，钱学森回想起童年时代父亲的谆谆教诲，还是那样记忆犹新。他说："父亲从我小时候起，就教我要向前看，治学要严谨、刻苦，应该多接受新的事物、新的先进思想，不可保守。"
>
> 由此可见，父亲的循循善诱，鼓励上进的教诲，对钱学森的人生之路产生了极为深刻的影响。

03
藏在纸飞镖里的科学

科普小贴士

中国第一个火箭研究机构

1956年,被认为是中国航天梦的元年。

1956年初,钱学森向中共中央、国务院提出《建立我国国防航空工业的意见书》。同年,国务院、中央军委成立了导弹、航空科学研究的领导机构——航空工业委员会,并任命钱学森为委员。

1956年10月8日,钱学森受命组建的中国第一个火箭、导弹研究机构——国防部第五研究院正式成立,并由他担任首任院长,标志着中国航天事业的创建。

1957年3月,中央军委的导弹管理局并入国防部第五研究院。后来,国防部第五研究院又成立两个分院,其中的一分院就是如今的中国运载火箭技术研究院。

在"蒙养院"里快乐成长

在我3岁那年,爸爸就从杭州调到北京,任教育部视学。我也跟随父母一起来到了北京。从此,我在北京度过了自己的童年和青少年时代,一直到高中毕业。

我们一家人刚到北京不久,爸爸就把我送进了"蒙养院",其实就是后来所说的幼儿园。据说,这是当时北京开办的第一所幼儿园。

那个时候,在幼儿园里,我在"修身话"中接受做人之道的教育,在"行仪"中学习行为举止,在"读方"中识字,在"数方"中学习数数和加减法,在"手技"中搭积木,在"乐歌"中练习歌舞,在"游戏"中快乐成长。

度过愉快的小学时光

到了1917年9月,不满6岁的我就被北京第二实验小学录取。这所学校当时叫"京师女子师范学堂附属两等小学堂",创办于1909年,是中国成立的第一所

这才是你该追的星
钱学森

公办小学。

这个学校的教育哲学是身教重于言传。当学生走进老师办公室时，不仅可以坐下来说话，还会被奉上一杯清茶，就像迎接一个尊敬的客人一样。

我在这所学校里度过了愉快的3年小学时光。我是当时班上年龄最小的学生。

在课余时间，我经常和小伙伴们一起玩"掷飞镖"的游戏。

当时，我叠得非常精细，让镖身严格对称，折痕又光又平。这样，当纸飞镖掷出时，就可以稳定地飞很远了。因此，每次比赛，我投掷的纸飞镖总是飞得最远、投得最准。

最初，一起玩的小伙伴们都不服气，一次又一次地跟我比赛，却一次又一次地失败。后来，他们就嚷嚷着说我的纸飞镖有鬼。

于是，同学们就把我的纸飞镖捡来，小心翼翼地拆开，直到平平展展地变成一张纸。尽管里边什么"鬼"都找不到，但是他们依然一口咬定我的纸飞镖有"鬼"。

没想到，这一幕刚好被我们的自然课老师看见了。老师走过来，就把我的纸飞镖进行复原，又让我掷了一次，纸飞镖依然飞得又远又稳。

然后,老师就拿着我的纸飞镖说:"你们都看到了,纸飞镖本身没有什么'鬼',但是,这里面的确有秘密,现在就让钱学森同学给大家讲讲他的纸飞镖飞得又远又稳的秘密吧!"

于是我就告诉大家,我的纸飞镖用的纸比较光滑,纸飞镖的头不能太重,重了就会往下扎,但也不能太轻,头轻了,尾巴就重,就会先往上飞,然后掉下来。翅膀太小,就飞不平稳;太大了,就飞不远,爱兜圈子。

"说得好极了!"老师大声说道:"小小纸飞镖,这里面藏有科学。主要是两条,一是要保持平衡,二是要减少阻力并且能巧妙地借助风力和浮力,这样,纸飞镖才能飞得又远又稳。"

最后,同学们还发现,我折的纸飞镖有棱有角,所以掷起来空气阻力就很小,在投掷时又会利用风向和风力,我掷纸飞镖又远又准的"秘密",终于被揭开了。

在北京第二实验小学学习3年后,我转学到了几条街以外的另一所小学,当时叫"北京高等师范学校附属小学校",就是后来的北京第一实验小学,北京高等师范学校即现北京师范大学前身。

这所学校,是全国首家引进西方课程和教育理念的小学。我在这里同样度过了愉快的3年。

科学家小故事

晚年想念小学

直到晚年,钱学森仍对小学时的经历记忆深刻。有一次,钱学森参加原国防科工委组织的新年联欢会,在观看电影《城南旧事》的过程中不禁泪如泉涌。

这是因为剧中小学就是钱学森曾经就读的小学,剧景让钱学森一下子回到了他的小学时代。他说:"剧中小学即我曾经就学的师大附小,我的老师有年级主任于士俭先生和在校但未教我们班的邓颖超同志。我想念他们!"

04
一辈子都忘不了的6年

> **科普小贴士**
>
> ### 中国第一颗人造地球卫星
>
> 1970年4月24日凌晨,毛主席批准发射我国第一颗人造地球卫星——"东方红一号"。当天21时35分44秒,运载火箭"长征一号"升空,21时45分23秒人造地球卫星入轨。《东方红》乐曲响彻太空,震动了世界。中国成为世界上第五个用自制火箭发射国产卫星的国家。
>
> "长征一号"是为发射中国第一颗人造卫星而研制的三级运载火箭,全长29.46米,最大直径2.25米,起飞质量81.5吨,近地轨道运载能力为300千克。

这才是你该追的星
钱学森

探索不同的人生轨迹

在1923年,我顺利考入了国立北京师范大学附属中学(简称师大附中)。这是北京当时最好的男女合校的中学,这里推行的也是我从小就接触的实验教育体系。

校园里有许多西式建筑,被用作教室、教师办公室和宿舍,有一个椭圆形的大操场,几个网球场和排球场,一座新的图书馆,装备有刚刚从德国进口的崭新科学仪器的实验室。

我清楚地记得,每当整点的3刻,老校工就会敲响树上悬挂的一口钟,通知大家下课的时间到了。

在初中的3年时间里,同学们需要在英语、数学、中文、生物、化学、历史、物理和第二外语这几门科目上,打下坚实的基础。在接下来的高中3年里,大家再选择专攻科学或人文学科。

尽管当时的学习气氛是

轻松的，但是师大附中的管理却是相当严格的。学校要求男生统一穿灰色棉布校服，女生则是穿白衬衫配小黑裙。学校不允许学生谈恋爱，一旦被发现有坠入情网的，其中一方就必须离开学校。

同时，在考试之前开夜车、临时抱佛脚也是不被允许的。因为学校希望学生在上课时深入领会学到的东西，并尽可能把学到的知识融入日常生活，活学活用。

我对待学习和生活的态度总是一丝不苟的，各项事务安排得井井有条，我的房间也总是一尘不染的。我偶尔会和其他男同学一起打球，但每天下午都会在同一时间准时回家。

幸运的是，初中的3年时间，让我有机会可以探索不同的人生轨迹。我擅长画动物、流水和花朵。我的生物学作业完成得也不错，据说多年以后还被学校保留着。我也经常跟同学们一起讨论鲁迅和其他著名作家的作品，最后还被推选为班级代表参加辩论会。

到初中毕业时，我至少有十几条人生道路可以选择。但当进入初三时，我还是下定决心要在科学领域长远发展。

不需要死记硬背

因此，在接下来高中的3年里，我就全身心投入高等化学、物理学、生物学和数学的学习中。当时师大附中的高中分文理科，我读的是理科。记得我在高中毕业时，理科的课程都已经学到大学的二年级了。

那个时候，师大附中的校长叫林砺儒，是我国著名的教育家。他在师大附中担任校长期间，力主教育改革，反对灌输式的死记硬背。他把师大附中的办学宗旨概括为四条：培养健康身体，发展基本技能，培植高尚品格，养成善良公民。

当时的师大附中，非常强调全面发展的教育理念，看重的是对知识的理解和吸收，而不是死记硬背，更不是一味追捧分数和成绩。

那真是一段让我十分难忘的岁月：每天中午吃完饭，大家就在教室里讨论各种感兴趣的科学知识，数学、物理、化学……不怕考试，没有死背书本内容，而是真正理解书中知识。

下午下了课，我们还要到球场上踢一场球，大家都玩得很痛快。那个时候，天不黑我们是不会回家的。

师大附中不仅重视主科的教学，也很重视音乐、美术课。当时，我们全班同学的学习积极性都很高，除了上课，大家都参加了学科小组，有物理、化学、博物、天文等。我们还利用课外实践和中午休息时间，兴致勃勃地互相讨论、发表见解。

学校鼓励学生在学好必修课的同时，再选修若干课程。当时，我除了学好理工部的正课，还选修了大代数、解析几何、微积分、欧几里得几何学等课程。尽管当时学了这么多的课程，但我并没有觉得吃力。

记得我和林砺儒校长之间，还发生过一段有趣的故事。虽然他是师大附中的校长，但不是我的任课老师。我的爸爸就特地找到林校长，想请他辅导我的功课。

但他并没有马上答应，而是出了几道题给我做，想要考考我。当他们两个大人聊得正高兴时，我很快就把答卷整整齐齐地放在桌上，跑到外面玩去了。后来，林校长认真地看了看我的答卷，爽快地收下了我这个学生。

都是水平非常高的老师

除了校长，在这所学校里，还有一支水平非常高的师资队伍。很多高中教师，都是当年北京师范大学的教授。

几何老师傅种孙，就是一位博学多才的数学家。他

这才是你该追的星
钱学森

给我留下了相当深刻的印象。我第一次聆听傅老师的数学课，就被他独特的授课方式吸引了。

原来，傅老师不仅有扎实的数学功底，而且古文造诣也很深。他用有名的桐城派的古文，自编了几何讲义。上几何课时，他就拉着读古文的腔调讲解几何题，特别有趣。令我印象很深的是，傅老师把几何的逻辑推理讲得透彻极了，而且还很现代化。

博物老师李士博，也是一位很有创造性的教师。为了加深大家的记忆，他编写并创立了矿物的10种硬度，并非常押韵地排列出它们的顺序："滑、膏、方、萤、磷、长、石英、黄玉、刚、金刚。"

滑就是滑石，膏是石膏，方是方解石，萤是萤石，磷是磷石，刚是刚玉。这样一来，我们就很容易记住，同时也激发了大家的学习兴趣。

我还记得，有一次上化学课，做过滤试验用的过滤纸没有了。但是，课程又不能因此中断，于是李老师就对同学们说："大家想想办法，看看能用别的什么东西代替它。"

于是，同学们有的说用纱布，有的说用纸，提出了好多意见。等大家说完，我才站起来说："用纱布眼太大，不能起到过滤作用。用普通纸又不渗水，也不行。是不是可以用冬天糊窗户的那种纸，我说不上它的名字来。"

李老师马上接过我的话说道："钱学森同学说的这种纸叫'高丽纸'，我看可以试试。"说完，就派学生到他办公室去取。回来一试，果然成功了。后来，李老师还当着同学们的面表扬了我。

教国语的董鲁安老师，也是令我十分敬佩的一位老师。他特别提倡我们要多读鲁迅的文章和中国古典文学作品。到了高一时，我对用文言文写文章特别感兴趣。他经常告诫我们，不要忘记我们是中国人，不论将来做哪一样工作，都要想到自己的祖国，想到自己作为一个中国人的责任！

生物课的俞君适老师，则喜欢带领同学们去野外采集标本，解剖蜻蜓、蚯蚓和青蛙。他还给过我一条蛇，让我做成了标本。

教务主任、化学老师王鹤清，支持我到化学实验室做各种实验。

除了主科老师，副科老师也兢兢业业。我们的美术老师高希舜会利用暑假时间开办绘画训练班，教画西洋画，爸爸很支持我去，我买不起油彩就用水彩画，同时，我也学画中国画。

这才是你该追的星
钱学森

我们的音乐老师同样很好。上课时，他就用一部手摇的机械唱机（当时没有电唱机）放些唱片，教我们学唱中外名曲，欣赏各种乐曲，如贝多芬的《第九交响曲》等。

当时学校有一个小图书馆，只有一间书库，但却是同学们经常去的地方。那间图书馆里收藏有两类图书：一类是古典小说，像《西游记》《儒林外史》《三国演义》等，这类图书要有国文老师批准才能借阅；二是科学技术图书，我们自己可以借来读。

师大附中也很注重外语教学，有的课全程用英语授课，我的英语基础就是在那时候打下的。到了高二，我还选修了第二外语——德语，没想到这门课程还会在十几年后派上大用场。

师大附中的6年中学生活，确实给我的人生带来了非常深远的影响，在那里度过的6年，是我一辈子都忘不了的6年。

科学家小故事

深刻影响他的 17 人

在师大附中钱学森纪念馆内,陈列着钱学森晚年写下的一份珍贵手记。在这份手记中,钱学森列出了在他的一生中给予他深刻影响的人,总共有 17 位:

(1)父亲

钱家治:写文言文

(2)母亲

章兰娟:爱花草

(3)小学老师

于士俭:广泛求知、写字

(4)中学老师

董鲁安(于力):国文、思想革命

俞君适:生物学

高希舜:绘画、美术、音乐

李士博:矿物学(10级硬度)

王鹤清:化学(原子价)

傅种孙:几何(数学理论)

林砺儒:伦理学(社会发展)

（5）大学老师

钟兆琳：电机工程（理论与实际）

陈石英：热力学（理论与实际）

（6）预备留美

王助：经验设计

（7）留美

Theodore von Karman（冯·卡门）

（8）归国后

毛泽东、周恩来、聂荣臻

在这份名单里，师大附中的老师就占了7位，他曾回忆说："6年师大附中学习生活对我的教育很深。对我的一生，对我的知识和人生观都起了很大的作用。"

05
宁要诚实，不要满分

> **科普小贴士**
>
> ### 成功发射返回式卫星
>
> 1975年11月26日11时30分，"长征二号"运载火箭携带返回式卫星在酒泉卫星发射中心升空，随后顺利实现星箭分离，卫星准确进入预定轨道。卫星按计划在太空飞行了47圈。
>
> 3天后，在完成对地面的观测任务后，按地面遥控站发出的返回调姿遥控指令，中国首颗返回式卫星成功返回地面。
>
> 这颗"收放自如"的卫星首次实现了我们从太空拍摄地面的目标，使中国成为继美国、苏联之后第三个掌握航天器回收技术的国家。

这才是你该追的星
钱学森

做出人生的第一次选择

1929年的夏天，我即将从师大附中高中毕业。进入大学读什么专业，是每一个人的一次重大选择，我的父母自然也无比关心。

妈妈从心里希望自己的儿子能继承父业，将来从事教育工作，成为一位教育家。然而，爸爸却希望我学习工程学，因为他认为只有实业才能救国，当时的中国太缺乏工程师了。

我清楚地记得孙中山先生在《建国方略》里为中国未来铁路建设勾画的宏伟蓝图。因此，我决心像著名的铁路工程师詹天佑那样，投身于祖国的铁路建设。

于是，我做出了人生的第一次选择：我要学铁道工程，给中国造铁路。当时，交通大学（今上海交通大学）是全国最好的大学，所以我就报考了交通大学机械工程学院，学的是铁道机械工程专业，当时简称铁道门。

交通大学的前身是盛宣怀创立于1896年的南洋公学。在20世纪30年代，交通大学曾被誉为"东方的麻省理工学院"，为我国培养了大批工程技术人才。

我入学时，交通大学已经拥有128名教师，包括33位教授，学生已达800余名，分属于电子、机械、土木工程和铁路管理四大学院。许多教师都有在美国接受教育的背景，所有课程都用英语讲授。

我主修的铁道机械工程专业隶属于机械工程学院，在当时还是一门相当新的学科。在之后的3年里，我学习的都是一些基本的科目：基础物理、化学、数学。我还主修了一些其他课程，包括机械和电子工程、机械设计，并参与工厂实习。

在大学的最后一年，我们才主要学习铁路设计方面的课程，还包括一个以设计火车头引擎为主的独立研究项目。

刚进大学的时候，我觉得在交通大学的学习很轻松。因为一年级安排的大部分课程，我在师大附中都学过了，如伦理学、解析几何、微积分、非欧几里得几何、有机化学、工业化学和德语等。

当然，这里的学习跟师大附中很不一

样，在这里，大家都在为分数奋斗。老师要求学生背书，课程内容繁杂，考试很多，每个学期考试成绩的平均分，要算到小数点后两位。

在交通大学的学习中，真正让我感到新奇的课，实际上是大二下学期和大三开设的课程。在大三时，我学得很踏实。到了大四，我们就准备毕业了。

主动请求老师扣分

记得在大一暑假即将结束的时候，我意外地遭遇了人生的第一场灾难，我患了伤寒病。正是因为这场突如其来的伤寒病，我不得不暂时休学一年，在杭州的家里静心养病。

一年的时间很快就过去了，我的身体基本康复。我又回到交通大学，开始了大二的学习和生活。当重返交通大学校园时，我发现，校园的宁静已经被激烈的学生运动打破了。

1932年1月29日凌晨，日本对上海的闸北进行了大轰炸，飞机的轰鸣声和炸雷声惊醒了睡梦中的人们。轰炸之后，上海可谓尸横遍野，举目远望，满眼都是断壁残垣。

交通大学只好宣布停课，我也被迫回到杭州的家

05 - 宁要诚实，不要满分

里。这场大轰炸，是我一生中经历过的最惊心动魄的大事件。当时发生的这一切，清楚地告诉我，科技不仅对工业发展至关重要，更重要的是关乎整个国家的安危。

学校复课之后，我又投入了紧张的学习之中。渐渐地，同学们就开始特别关注起我这个来自北京、沉默内向的小个子男生了，因为我总是考第一名。

我的课余时间大部分都是在图书馆度过的。这是一座优雅的3层小楼，我总是喜欢坐在一间背阴的屋子里，非常专注地阅读美国科学期刊上的文章，经常一读就是几个小时，偶尔还提起笔在笔记本上进行复杂的数学演算。

有时候，我上课也在读书。不过，有一门课，我却上得相当认真。教这门课的老师是机械工程教授陈石英。陈石英教授毕业于麻省理工学院，是当时交通大学最优秀的教师之一。

他用英文上课，在黑板上以隽秀的小字写下一行又一行数学公式。每一个学生都对他一丝不苟的教学风格和对黑板的高效运用啧啧称赞。最重要的是，我从陈石英教授的课堂上，学到了对教学材料游刃有余的把握和完美精准的教学风格。

虽然我的成绩一直很优异，但我并不是那种把分数视为命根的人。在我的学习生涯中，还有一段主动请求老师扣分的插曲。

那是1980年，我回到上海，来到母校上海交通大学，曾经教过我的金悫教授拿出一份珍藏了47年的"文物"，那是一张96分的水力学试卷。

1933年，我在交通大学读三年级，金悫教授主讲水力学。在期末进行水力学考试中，金悫教授给我的试卷分是100分。但试卷发下来后，经过仔细检查，我发现自己有一处小错误，在一道公式推导的最后一步，把"Ns"写成了"N"。

金悫教授在批卷时没有发现这个很小的错误之处。于是，我立即举手，主动说明了自己的错误，并请求老师扣分。最后，他就把我的满分变成了后来的96分。

金悫教授出于欣喜和复杂的心情，一直将这份试卷视为珍宝，保存了几十年。即便在抗日战争中过着颠沛流离的生活，他仍然把这份试卷存放在随身携带的箱子里，跟着他走南闯北。

除了书面考试的科目，我也格外重视实验课。我做热工实验的实验报告详细记载了我在实验过程中所观察到的各种现象的细节，报告长达100多页，非常完整和详尽。

当时，陈石英教授看到这份书写工整、图表清晰的报告后，赞叹不已，毫不犹豫地给了我100分。这一次的满分，我欣然接受了。这份实验报告，甚至还被校方认为是机械工程学院有史以来由学生完成的最佳实验报告。

科学家小故事

当选为中国斐陶斐励学会会员

1934年6月，即将毕业的钱学森与张光斗、徐人寿、倪文杰等当选为中国斐陶斐励学会会员。

该会会员的入选条件非常严格，大学毕业班人数在50人以下者，每10人选1人，在50人以上者增选1人，入选者必须在校连续7学期成绩均在85分以上，操行最近3个学期名列甲等。

这才是你该追的星
钱学森

06
差点名落孙山的庚款留学生

> **科普小贴士**
>
> ### 成为第四个"一箭多星"的国家
>
> 1981年,中国第一次用一枚运载火箭发射了一组科学实验卫星,由此成为世界上第四个独立掌握"一箭多星"发射技术的国家,标志着我国发射技术和火箭与卫星分离技术上的新突破。
>
> 1981年9月20日清晨5时28分40秒,我国运载火箭携带着3颗卫星,从发射台上起飞。起飞后7分20秒,"实践"2号甲、"实践"2号乙与运载火箭分离;3秒钟后,"实践"2号又与火箭分离。
>
> 3颗卫星离开运载火箭后,分别顺利进入预定的地球轨道,开始执行各项太空探测任务。

开始对航空产生兴趣

1934年6月30日,我从交通大学机械工程学院顺利毕业了。我的总平均分为89.10分,是机械工程学院的第一名。

记得在大四的时候,我了解到交通大学外籍教师维斯曼开设了一门名为航空工程的课程,于是,我立即选修了这门课。没想到,后来我两个学期的平均成绩为90分,在选修这门课的同学中名列第一。

就在这时,我开始对航空产生了兴趣。经过大学的学习,我对选择专业及自己的未来发展有了更深刻的认识。特别是亲身经历了1932年1月日本对上海的大轰炸之后,我深深地认识到,航空工业对当时的中国更为重要和紧迫。

当时的日本,已经拥有完整的航空工业体系,拥有的军用飞机多达2000多架。而那时的中国,却只有一些简陋的飞机修理厂和从国外进口的200来架军用飞机。

对我来说,如果能够有机会去美国学习航空工程和相关的先进技术,就可以实现"航空报国"的远大理想了。

后来,我又了解到,当时国家有一个专门的奖学金

这才是你该追的星
钱学森

项目，为少数优秀的中国学子提供前往美国最优秀的研究生院就读的机会。那就是在历史上非常有名的"庚子赔款奖学金"。

1934年8月，刚从交通大学毕业的我，就从上海乘火车前往当时的首都南京，参加"庚子赔款奖学金"的选拔考试。我当时要与80名跟自己一样希望脱颖而出的年轻人竞争仅有的20个奖学金名额。

考试从上午8时开始，直到下午17时才结束。考试科目80%都与科学有关，包括物理、微积分、热力学、机械工程与航空学。此外，还有中文、英文及第二外语的考试。

大约两个月后，20名奖学金获得者的名单和成绩才进行公布。在这次考试中，我的数学考得不太理想，只得了41分。如果严格按照考试成绩，我很可能就名落孙山了。

但在关键时刻，负责招生考试的叶企孙先生，得知我的航空学考了87分的高分，再加上我之前已经发表了几篇有关航空方面的文章，他就认为我是个航空奇才。于是，我就这样被顺利录取了。在所有入选者中，我是唯一一名攻读航空学的公费留学生。

国内的实习和考察

按照规定，每位获得奖学金的留美预备生，都需要被指派一位相关专业的专家教授作为国内的导师，还要在国内就相关专业进行实习和参观学习。我当时的导师是清华大学的航空学教授王士倬，学校还聘请了校外专家王助、钱昌祚和王守敬为指导员，专门为我组成一个指导小组。

我的导师王士倬，曾经赴美就读于麻省理工学院，1928年获硕士学位，是当时国内航空领域的著名学者。他鼓励我到麻省理工学院攻读博士学位，还建议我在这一年的时间里，对中国航空工业的基础设施加以考察。

于是，叶企孙和王士倬就安排我到杭州飞机制造厂、南昌第二航空修理厂、南京第一航空修理厂和上海海军制造飞机处实习，通过这样的实习和考察，来让我补充航空工程方面的专业知识。

这才是你该追的星
钱学森

我在杭州飞机制造厂实习期间，得到了中国航空工程技术老前辈王助的精心指导。他根据自己多年的经验，教导我一定要重视工程技术实践和制造工艺。

因此，我从熟悉飞机的设计图纸、设计思想到车间内各个部件的生产和各个工种的操作，都非常认真。经过大约半年的时间，我开阔了眼界，增长了才能，也提高了实际操作能力，加深了航空工程方面的认识。

在南昌实习期间，我与当时中国最重要的航空专家钱昌祚见过一面。钱昌祚也毕业于麻省理工学院，当时他主管整个中国空军的航空技术研发。

7月中旬，我来到清华大学，参观了风洞设施，并见到了王士倬、王助两位导师和参与风洞研制的张捷迁老师。于是，我就借这个机会向两位导师汇报了实习期间的收获和感想。

当时，两位导师还向我介绍了麻省理工学院航空教学的有关情况，并鼓励我到国外要刻苦钻研，掌握先进的科学技术，然后回到祖国发展我国的航空事业。在清华的这次参观和会见，应该说对我后来的人生，产生了非常深远的影响。

我利用8个多月的时间，就完成了在国内的实习和参观。这个过程不仅使我了解了航空方面的相关基础知识和国内发展状况，也使我初步了解了当时的中国社会。

> **科学家小故事**
>
> ### 介绍国外的火箭技术
>
> 在留美选拔考试后和实习这一年里，钱学森利用在飞机厂实习的业余时间，研究整理出一篇题为《火箭》的文章，发表于1935年的《浙江青年》。
>
> 这篇文章写了五部分内容：一是火箭怎么会上升；二是用什么火药；三是到星球去；四是火箭飞机；五是研究者的工作。
>
> 在文章的最后，钱学森介绍了当时各主要国家的研究工作进展情况。例如，德国有火箭研究会的组织，会员已达1000多人；美国有火箭社，会员有300多人；英国也有类似组织，会员有100人左右；法国、苏联、日本都不甘落后，这些国家都很鼓励这方面的研究。

> 这才是你该追的星
> 钱学森

07
我的考卷吓退好事者

> **科普小贴士**
>
> **中国第一颗地球静止轨道通信卫星**
>
> 　　1984年4月8日，中国第一颗地球静止轨道通信卫星——"东方红二号"发射成功，中国成为世界上第五个独立研制和发射静止轨道卫星的国家，开辟了中国卫星通信事业的新时代。
>
> 　　"东方红二号"试验型卫星，用于电话、电报、电视和广播传输试验，共2颗，分别于1984年4月8日和1986年2月1日发射升空。
>
> 　　"东方红二号"的成功发射，结束了我国只能租用外国卫星看电视、听广播的历史，开启了我国用自己的通信卫星进行卫星通信的历史，实现了覆盖全国的信号传输，也标志着我国已全面掌握了运载火箭技术。

很快就适应了国外的学习和生活

1935年7月中旬,我就办好了赴美的护照,期待着与当年的庚款留学生一起乘船,驶向大洋彼岸。

在1935年8月20日,我登上了美国"杰克逊总统号"邮轮,放下随身行李后,就走到船舷,向送行的父亲和亲人们挥手告别。跟我一同乘船前往美国留学的还有9个人,我们大多数都是第一次见面。

在船上的10多天,除了与同学们聊天,我基本上都是在阅读中度过的。9月3日,邮轮终于到达大洋彼岸的西雅图,一个被称为绿宝石城和喷气机城的港口城市。

第二天,我就乘坐专车,横跨美国大陆,从美国西北部来到芝加哥,再到位于美国东北部的马萨诸塞州(简称麻省)的坎布里奇。美国著名学府麻省理工学院,就坐落在这个城市的查尔斯河畔。

我到学校报到,并办理好了注册手续后,就有人把我领

这才是你该追的星
钱学森

到学生宿舍的11号楼门前,跟我说:"24号,你的宿舍。"令我感到惊奇的是,这两个数字都跟我很有缘。我出生于1911年,当时刚好24岁,多么机缘巧合的数字啊!

对于公费留学生,政府当时有这样的规定:在美学习期为3年,1年硕士,2年博士,在这3年内,学费由有关部门安排。另外,每人每月可领取100美元的生活费。3年后,政府就不再提供资助,大家应该回国服务了。

在我读航空工程硕士期间,亨赛克任机械工程系的主任,并负责管理航空工程课程。麻省理工学院的航空工程学士学位的课程开得比较早,美国著名的飞机设计师和制造商道格拉斯与麦克唐纳,都是这个学校的毕业生。

麻省理工学院的功课很重,我们必须修满360学分才能毕业,少1分也不行。不过,我很快就适应了麻省理工学院的学习和生活。那是因为我曾就读的交通大学,当时几乎完全按照麻省理工学院的模式办学,所以我一点都不感到陌生。

记得有一次,一位任课教授出了一份特别难的考卷,班上大多数同学的成绩都不及格。这引起了很多同学的不满，他们觉得这样的考试对他们很不公平，甚至认为这是教授在故意为难他们。

于是，经过一番商量，大家决定去找这位教授理论。可能是这位教授提前听到了一些风声，他未雨绸缪，提前把我做的考卷贴在了自己办公室的门口。当这些想要来找他理论的同学来到他的办公室门口时，全都傻眼了。

他们发现我的考卷上每道题都做得非常完整，没有任何错误，而且书写也很工整，没有一点涂改痕迹，几乎一气呵成。当他们看完后，全都默默地离开了，感觉自己再也没勇气去找这位教授理论了。

到期末了，看谁的成绩好

有一部分美国学生很傲慢，看不起我们中国来的学生，甚至对我们冷嘲热讽。

有一次，一个美国学生在我们面前嘲笑中国人抽鸦片、裹小脚、愚昧无知，我立即向他发出挑战："我们中国作为一个国家，是比你们美国落后。但作为个人，你们谁敢和我比。到期末了，看谁的成绩好？"在场的美国学生听完后，不禁面面相觑，从此以后，他们再也不敢小看我们中国人了。

这才是你该追的星
钱学森

还有一次，有位教授出了一道很复杂的动力学题，大家都做不出来。我就做了一个巧妙的转换，将这一复杂的动力学问题，变换成一个简单的代数运算问题，再解起来就不难了。

据说这件事很快就在学生中传得神乎其神，他们都不知道我是怎么想出这么巧妙的方法来的。后来，还有一个交通大学的学弟，在麻省理工学院听到这件事后专门跑来请教我究竟是怎么回事。

到美国后不久，我就遇到了人生的第一个至暗时刻。那是1935年的寒冬，远在异国他乡求学的我，突然收到了一个噩耗，爸爸在信中告诉我，妈妈已经病故，现在家中只剩下他一个人。

悲恸的泪水瞬间就模糊了我的双眼。我强忍内心的悲伤，跟跟跄跄地奔向室外。我在大街上漫无目的地走啊走啊，母亲那慈祥的面庞，一直在我脑海里不断浮现。

回到住所，我仍然抑制不住内心对妈妈的想念，悲痛欲绝的我伏在案头，铺纸提笔，饱含泪水，画了一幅我母亲的肖像。她看上去是那么慈祥和亲切，一双慧眼仿佛一直在凝望着我、关注着我。我把这幅画像挂在案头。

在麻省理工学院读完一年后，我取得了不错的成绩，在班上名列前茅。我的硕士论文是关于边界层的研究。在进行理论研究的同时，我还在麻省理工学院古根海姆大楼一层的风洞中进行试验研究。

虽然我的学业成绩不错，但是作为实践性很强的飞机机械工程专业的学生，我觉得还是应该去美国的飞机制造厂实习。然而，当时美国有规定，美国的飞机制造厂只允许美国学生去实习。

考虑自己刚到美国留学一年，我不能因此就回国，而当时的中国也没有一个可以与美国相媲美的类似研究机构，所以我只好改变自己的专业方向。从飞机机械工程转到航空理论研究。航空理论研究需要运用大量的数学计算，而这恰恰是我最擅长的。

不过，当时美国的航空理论研究中心并不在麻省理工学院，而是在位于洛杉矶的加州理工学院。那里强调的是纸和笔，不是动手实践的实验。

当时在加州理工学院任教的冯·卡门教授，是航空理论研究的权威。于是，在取得麻省理工学院的硕士学位之后，我决定转学到加州理工学院，去学习和研究航空理论。

这才是你该追的星
钱学森

> **科学家小故事**
>
> ### 英国人借中国人的笔记
>
> 在美国，教授讲课，尤其是给研究生讲课，一般是没有现成教材的。学生学习主要靠自己做好课堂笔记。因此，钱学森在听课时就非常认真，笔记不仅记得很完整，而且很工整。
>
> 当时班里有几个中国学生，还有一个英国学生。有一次，这个英国人对钱学森说："我借你的笔记用用，前几天我发烧了，没来上课。"钱学森就跟他开玩笑，说自己的英语不行，还是去借美国人的笔记吧。
>
> 没想到，这个英国人却说："我为什么借中国人的笔记，因为我服输了，我比不过你们。"在那一刻，钱学森才真正感觉到我们中国人的名气还是很过硬的。

08
成为冯·卡门的左膀右臂

> **科普小贴士**
>
> **成为第三个发射极轨气象卫星的国家**
>
> 1988年9月,中国成功发射了"风云一号"极轨气象卫星,成为世界上第三个能研制发射极轨气象卫星的国家。
>
> "风云一号"气象卫星是中国的极轨气象卫星系列,可以向世界各地云图接收站发送实时的气象云图,还可以对海洋水色进行探测,对海温进行遥感研究。
>
> "风云一号"气象卫星先后共发射了4颗。除了第一颗,1990年9月和1999年5月,分别成功发射了"风云一号"B卫星和经过改进的"风云一号"C卫星。"风云一号"D卫星于2002年5月15日发射升空。"风云一号"C卫星在性能上做的较大改进,还被列入世界气象业务应用卫星的序列。

这才是你该追的星
钱学森

大胆叩响冯·卡门教授家的大门

可以说，冯·卡门教授当时是加州理工学院里的传奇人物，他的思维非常敏捷。据说，他可以在餐巾纸上很快就解开其他教授为之纠结几个星期的复杂数学难题。

在加州理工学院，他也是最受欢迎的教授。虽然他的英文不太好，但他却是天生的演讲高手，讲到兴奋时他常常挥动双手。这个时候，听课的学生们都会被他深深折服。

冯·卡门的学生都把他当成偶像，无比崇拜。不管他在哪里现身，大家都会争先恐后地围到他的身边。他也经常邀请他的学生到家里举行非正式的研讨会，可以连续讨论那些有争议的数学问题几个小时。

那一天，我从美国东北部麻省理工学院的所在地波士顿，斜穿整个美国大陆，前往加州理工学院的所在地洛杉矶。我大胆而突然地叩响了冯·卡门教授家的大门，开门

见山地对他说:"尊敬的冯·卡门先生,我对您所研究的科学领域怀有浓厚的兴趣,希望能在这方面得到您的指教和帮助。"

冯·卡门教授问我:"难道你有志于推进、空气动力学和火箭技术的研究吗?"我点点头,斩钉截铁地做了肯定的回答。

那时的我,个子不高,表情因紧张与期待略显严肃,我异常准确地回答了他的所有问题,这给他留下了深刻的印象。于是,他建议我转学到加州理工学院进一步深造。

我喜出望外,立刻就接受了冯·卡门教授的邀请。就这样,我从麻省理工学院转到了加州理工学院。55岁的冯·卡门教授,就这样成了我的导师,那一年我刚好25岁。

每天读文献的时间超过10小时

我很快就办理好了加州理工学院的注册手续,重新安顿了下来,开始努力攻读博士学位。

进入加州理工学院以后,我以高速空气动力学为主要研究方向。这是一个涉及面很广的学科。

我不仅学习了航空理论的专业课程,还选学了数学、物理和化学等一些高深的研究生课程。对于这些课程的学习，我一如既往的认真，当然成绩也不错。

除了上课，我还进行了一系列关于航空学的研究。在加州理工学院的第一学年，我收集了可能找到的全世界所有与航空学有关的研究资料，并加以系统性的阅读。

我每天花在读文献上的时间，平均超过10小时。在第一学期，我几乎很少与其他同学来往，甚至一度被大家当成校园里的一个神秘人物。但是，他们很快就注意到，在课堂上，我总是能问出最关键的复杂问题。尽管大家都听得一头雾水，但授课老师却非常满意。我的刻苦、努力逐渐广为人知。

加州理工学院强调理工结合，希望培养的学生既是科学家，也是工程师。进入加州理工学院后，我感到所有的一切都是全新的。在这里，拔尖的人才很多，我必须和他们竞赛，才能跑到前沿。

加州理工学院也非常强调创新。冯·卡门教授恰好是特别推崇创新的一位老师。他曾经问学生："你们的100分标准是什么？"学生们回答说："全部题目都答得准确。"

他却摇摇头，对大家说："我的标准跟你们不一样。如果有个学生的试卷对试题分析仔细、重点突出、方法对头，且有自己的创新，但因个别运算疏忽给出了错误答案，另一个学生的试卷答案正确，但解题方法毫无创造性，那么，我给前者打的分数要比后者高得多。"

记得在一次学术研讨会上，冯·卡门教授分享了一个非常好的学术思想。有人就问他："冯·卡门教授，你把这么好的思想都讲出来了，就不怕别人超过你吗？"没想到，他毫不犹豫地回答道："我不怕，等他赶上来，我又跑到前面老远去了。"

冯·卡门教授负责动脑，我负责动手

来到冯·卡门教授身边后，我的脑子仿佛一下子就开了窍儿。加州理工学院经常召开学术研讨会，我所在的这个团队每天上午在冯·卡门教授的领导下进行研讨，大家经常争得面红耳赤，下午再各自回去整理、丰富自己的论点，一直忙到深夜。第二天上午，大家又如约而至，继续争论下去。

有一次，一位老教授在我阐述了自己的学术见解后，给我提了些意见，初生牛犊不怕虎的我当时就毫不客气地用一句话顶了回去。会后，冯·卡门教授笑着问我："你知道那老家伙是谁吗？"我回答："不知道。"

这时,他才告诉我,那位老教授就是航空界鼎鼎有名的大教授冯·米赛斯。然后,他还对我说,你那句话回答得好极了。

我与冯·卡门教授之间,除了师生关系,其实还是合作伙伴关系。他曾这样回忆道:"钱学森与我一道研究了很多数学难题。虽然他是一个年轻学生,但在解决一些相当难的问题时,他却帮助我厘清了不少思路。这种天赋甚是罕见。钱学森和我成为了密切的工作伙伴。"

我们两个人的分工非常明确,当冯·卡门教授灵光一现,看到整个理论的总体框架时,我就会不厌其烦地用一行又一行的公式,对这个理论框架进行填补和充实。

我与冯·卡门教授的合作,甚至还被别人称为天作之合。他拥有天才的物理洞察力,能把空气动力学的问题形象化,并直接找到问题的关键和症结。我在应用数学方面拥有一定的天赋,还有坚忍不拔的毅力和刻苦认真的态度。

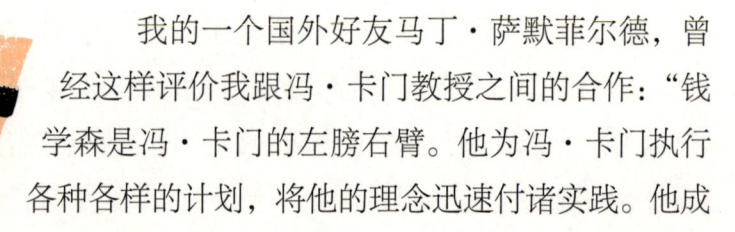

我的一个国外好友马丁·萨默菲尔德,曾经这样评价我跟冯·卡门教授之间的合作:"钱学森是冯·卡门的左膀右臂。他为冯·卡门执行各种各样的计划,将他的理念迅速付诸实践。他成为冯·卡门不可或缺的紧密助手,冯·卡门负责动脑,钱学森负责动手。"

> **科学家小故事**
>
> ### 冯·卡门教授对他说"我错了"
>
> 其实,钱学森跟冯·卡门教授也会经常因为对一个科学问题的见解不同,而互相争得不可开交。
>
> 有一次,钱学森把自己写好的一篇文章交给冯·卡门教授审阅,冯·卡门教授看完后表示不同意他的观点。钱学森始终坚持自己的观点,他们两个人就开始争辩起来。
>
> 最后,冯·卡门教授一气之下把文章扔到地上,两个人就这样不欢而散了。没想到,等到第二天早上,冯·卡门教授在办公室见到钱学森时,却马上给他深深地鞠了一躬,并道歉说:"我昨晚一夜未睡,想了想,你是对的,我错了。"
>
> 钱学森当时感到很惊讶,如此大名鼎鼎的科学家,却毫不含糊地向自己的学生真诚道歉。

09
加盟"自杀俱乐部"

> **科普小贴士**
>
> **中国成功发射资源系列卫星**
>
> 资源卫星是专门用于探测和研究地球资源的卫星,可分为陆地资源卫星和海洋资源卫星,一般都采用太阳同步轨道。
>
> 1999年10月,中国和巴西联合研制的"资源一号"卫星由中国的"长征四号乙"运载火箭送入预定的太阳同步轨道。2002年9月,用同样的火箭成功地将经过改进的"资源二号"卫星送入同样的轨道。
>
> 2000年9月,中国自行研制的"资源二号"01星发射成功,后又分别成功发射02星和03星,其分辨率比"资源一号"系列卫星更高,而且形成了三星联网,表明中国卫星研制技术实现了历史性跨越。

> 在资源系列卫星发射成功的同时，2002年5月，中国发射成功了第一颗海洋水色水温监测卫星——"海洋一号"卫星；2006年4月，又发射成功了中国首颗微波遥感卫星——遥感卫星一号。

4位"火箭迷"组建火箭俱乐部

1938年秋天，加州理工学院院长和冯·卡门教授一起出席了美国陆军航空兵署召开的会议。在这次会议上，美国军方拿出5个亟待解决的军事难题，让几个参加会议的大学代表挑选，由军方划拨专项研究经费。

其中有一个研究课题，是为重型轰炸机设计一种助推火箭，以使重型轰炸机能够在很短的跑道上或从航空母舰上迅速起飞。冯·卡门教授认为助推火箭这个课题极富挑战性，于是就建议院长选这个课题。这项计划的代号为"JATO"。

当然，研究和试制火箭这个艰巨的任务，最后就顺理成章地落在了冯·卡门教授的头上。他当时敢于揽下这项重要的工作，不仅源于他自己对火箭的多年研究，还源于他手下那个被称为"自杀俱乐部"的火箭俱乐部的支持。

这才是你该追的星
钱学森

在他的学生中，最早对火箭研究产生兴趣的是一个叫马林纳的小伙子。他比我小一岁，当时正在攻读航空工程的研究生。估计是因为读了法国科幻作家儒勒·凡尔纳的科幻小说《从地球到月球》，马林纳从小就对火箭情有独钟。

1936年初，在一次学术研讨会上，冯·卡门教授的助手史密斯做了一场关于火箭推进飞机可能性的报告，当地报纸还发表了冯·卡门教授另一位助手维廉·玻雷的文章，很快就吸引了2位"火箭迷"帕森斯和福曼。

于是，他们找到了冯·卡门教授的实验室，并结识了另2位"火箭迷"马林纳和史密斯。在马林纳的提议下，1936年2月，这4位"火箭迷"组建了一个火箭俱乐部，又叫火箭社或火箭小组，马林纳自然而然成了这个俱乐部的领头人。

由于在进行自制火箭试验时，会发出巨大的声音和耀眼的火光，对于火箭俱乐部的成员来说，这是一份相当危险的工作，所以这个俱乐部，当时也被同学们戏称为"自杀俱乐部"。

火箭俱乐部的4位创始人，他们各有所长，也各有分工，马林纳和史密斯是航空工程研究生，负责总体设计，化学专业的帕森斯负责制造火箭燃料，福曼则擅长机械制造。

进行火箭的试制和试验，完全出自这些年轻人的爱好。他们不仅要在繁重的功课中挤出时间进行研究，还必须外出打工，用赚到的钱购买废旧零部件。马林纳利用课余时间在加州理工学院的风洞实验室工作，每小时可以赚取80美分；史密斯依靠为技术行业报纸和教科书画插图赚取报酬。

为了寻找试验用的二手设备，他们几乎跑遍了整个洛杉矶。1936年6月，因为凑不齐购买2台仪器所需的120美元，马林纳甚至都想要放弃火箭研究项目了，不过最终他还是坚持了下来。

1936年的秋天，在距离加州理工学院几千米的一个干涸的河谷上，火箭俱乐部进行了第一次试验。为了这次试验，他们工作到凌晨3点，才将供

试验用的小型火箭发动机的各个零部件安装好。

仅仅睡了3个小时的觉,他们在天刚亮的时候就驱车前往那个河谷,将闪闪发亮的模型火箭发动机底端朝向天空,架设在试验台的弹簧上。接下来,他们将一根供给氧气的管子和另一根供给液态甲醇推进燃料的管子,与燃烧室连接起来。

在即将点燃氧气和燃料的混合物之前,他们在火箭装置周围堆满沙包,然后躲进挖好的地沟中。点火之后,火焰就从发动机的喷嘴中喷涌而出,推动发动机向下,冲击弹簧。

主要承担理论家的角色

1937年春天,我在加州理工学院分到了一间实验室,这个实验室由我和史密斯共用。马林纳和史密斯经常在实验室里讨论火箭试验的结果,我在一旁认真倾听,对他们讨论的这些话题非常感兴趣。

史密斯知道我的数学功底很好,就把我推荐给了马林纳。在对太空旅行的可能性进行了一番热烈的讨论后,马林纳立即邀请我加入火箭俱乐部,我欣然同意。

从此以后,火箭俱乐部的成员就从4个人发展到了5个人。当时,我在火箭俱乐部主要承担理论家的角色。

09 - 加盟"自杀俱乐部"

我在紧张地撰写关于空气动力学的博士论文的同时，还为火箭俱乐部写出了一篇论文，题目很长：《喷嘴发散角度变化对火箭推力的影响；火箭引擎的理想周期；理想效率与理想推力；考虑分子解离效应之燃烧室温度计算》。

这篇论文给出了一台燃烧室和推进喷嘴容量固定的理想火箭发动机的计算公式。没想到，这篇文章竟然成为我从事火箭研究的开山之作。

后来，我的这篇论文，还与火箭俱乐部的成员此前对火箭发动机、液态燃料、火箭飞机和火箭外壳的一系列分析和试验报告，一起收入一本被戏称为"圣经"的论文集中。这些内容，就构成了火箭俱乐部研究的理论基础。

尽管加州理工学院的其他教授对我们这些研究生制造火箭的想法嗤之以鼻，但是冯·卡门教授却对此非常关注，甚至还为我们这个俱乐部提供一些资助。

不久之后，我们这个火箭俱乐部就被加州理工学院正式收编，成了加州理工学院古根海姆航空实验室下属的一个课题组。同时，冯·卡门教授还允许我们利用古根海姆航空实验室的设备开展研究工作。这样一来，我们就再也不用拖着沉重的试验设备，在那个河谷区

这才是你该追的星
钱学森

域到处乱转了。

1937年6月,一名加州理工学院气象学系的研究生阿诺德,为火箭俱乐部募集到了1000美元,马林纳差一点就被感动得掉下了眼泪。因为这1000美元,足以负担制造火箭发动机的全部开支。

自从有了这一笔启动资金后,我们5个年轻小伙子就开始设计、制造火箭了。我们从附近工厂的废料库、垃圾场里挑拣一些五金材料,拿回来后再敲敲打打,并着手制造火箭模型。

不过,好景不长——火箭俱乐部接连发生了两起轰动全校的事故。第一次是在试验时,我们不小心把一罐四氯化氮打翻了,在盖茨化学楼前的草坪上,留下一大块棕褐色的焦痕,让学校的园丁十分抓狂。

不久后,在另一次试验中,由于四氯化氮和酒精的燃料组合未能成功燃烧,于是火箭就不停地向外喷射红色的泡沫和浓烟,最后使得实验室中所有金属的表面都蒙上了一层鲜红的锈,还散发出难闻的气味。

经历这两次事故后,火箭俱乐部就被永久性地踢出了古根海姆实验室。我们的所有设备,都被搬运到了古根海姆实验室东边的一个混凝土装载平台上,堆在那里任凭风吹雨打。

09 - 加盟"自杀俱乐部"

差点闯下一场致命的大祸

在接下来的一段时间里,这个室外平台就成为火箭俱乐部的实验室了。由于试验的响声经常震彻校园,火箭俱乐部的成员们都承受着巨大的压力,当然我们也都在冒着生命危险。

所幸的是,接下来发生的一件事,使火箭俱乐部再次名声大震。那是1938年1月,在纽约召开的第六届全美航空科学研究院年会上,马林纳所做的报告一鸣惊人,大获成功。这篇题为《探空火箭的飞行分析》的论文,是由马林纳和史密斯执笔完成的,分析了简单的模型火箭的数学原理。

这篇论文指出,从理论上证明火箭的飞行高度可以达到10万英尺(30480米),这个计算工作是由我来做的。在论文中,我们将火箭定义为一个垂直飞行穿越真空的无翼飞行器,还给出了理想火箭运动的一些基本方程式。

这是会议上第一篇关于火箭学的研究报告,不仅为加州理工学院的火箭俱乐部赢得了来自航空界的关注,还让它在全美范围内名声大噪,包括美联社和《时代周刊》在内的许多报纸和杂志都争相进行报道,披露了我们要将火箭送入比探空热气球更远的太空中去的宏伟蓝图。

当马林纳从纽约归来后,他就成为加州理工学院的新闻人物了。我们这些火箭俱乐部的成员,也很快就适应了"火箭名人"的新角色。

1938年的秋天,当冯·卡门教授和加州理工学院的院长从美国陆军航空兵署带回为重型轰炸机研制火箭的"JATO"计划后,一下子就使火箭俱乐部的资金问题得到了大大的缓解。

1939年1月,美国科学院给加州理工学院拨款1000美元,作为"JATO"计划的启动资金。待到美国国防部的一位将军到加州理工学院视察火箭俱乐部的研究工作后,又把拨给火箭俱乐部的研究经费增加到了10000美元。

后来,冯·卡门教授亲自主持火箭俱乐部每周一次的研讨会,我们这5个来自不同专业的小伙子,先分别报告自己一周来的新的设想,大家再互相补充和探讨,冯·卡门教授会给予及时的指导。就这样,研制火箭的一个个技术难题,都迎刃而解了。

记得在1939年3月的一次试验中,我们这些年轻的小伙子,又差点闯下了几乎致命的大祸。

当时,不知道什么原因,丙烷泄漏到了氧气罐中,导致火箭主体发生爆炸。一块金属碎片在墙上炸出了一个洞，它的飞行轨迹距离马林纳平时坐的椅子只有几英尺高，如果当时不是因为马林纳有事离开了实验室，他恐怕就没命了。

爆炸声瞬间惊动了整个校园，这样一来，火箭俱乐部成了名副其实的"自杀俱乐部"。为了安全起见，在这次事故之后，加州理工学院明令禁止火箭俱乐部在校园里进行任何火箭实验。

于是，我们赶紧修复了火箭的箭身，又把它搬到了距离学校几千米远的人迹罕至的阿罗约·塞科河谷。我们在那里沿着峡谷建造了非常简陋的试验台，竖起火箭发射架和火箭。

后来，我们很快就获得了第一次成功，一枚火箭在点火之后升空，稳稳地飞行了一分钟。

> **科学家小故事**
>
> ### 他是5位火箭"元老"之一
>
> 这个民间组织——火箭俱乐部,最后成为美国历史上最早的研制火箭的组织。5个小伙子,后来也被推崇为美国研制火箭的"元老",钱学森就是5位"元老"之一。
>
> 阿罗约·塞科河谷如今已是著名的美国宇航局喷气推进实验室的所在地。在公开对外开放的日子里,成千上万的人涌向那里,兴致勃勃地参观。如果有机会去美国旅行,这里是一个不错的参观之地。

10
改变人生的一份绝密情报

> **科普小贴士**
>
> **成为第三个拥有载人航天技术的国家**
>
> 1999年,中国第一艘无人试验飞船"神舟一号"成功发射。这是中国载人航天工程发射的第一艘飞船,也是中国载人航天计划中发射的第一艘无人试验飞船。中国成为继美国、俄罗斯之后世界上第三个拥有载人航天技术的国家。
>
> "神舟一号"飞船于北京时间1999年11月20日早上6时30分发射升空,于北京时间1999年11月21日凌晨3时41分,顺利着陆,在太空中总共飞行了21小时。
>
> 随后,"神舟二号""神舟三号""神舟四号""神舟五号""神舟六号""神舟七号""神舟八号""神舟九号""神舟十号""神舟十一号""神舟十二号"陆续顺利发射升空。

这才是你该追的星
钱学森

> 2021年10月16日,搭载"神舟十三号"载人飞船的长征二号F遥十三运载火箭点火发射,"神舟十三号"载人飞船与火箭成功分离,进入预定轨道,顺利将3名航天员送入太空,发射取得圆满成功。

为中国利益继续深造

1939年的秋天,已经成为航空系助教的我,继续与冯·卡门教授一起从事空气动力学领域的研究,并和马林纳一起共同寻找固体燃料问题的解决方案。我们的目标之一,是建造一个足够强大的、能在起飞时为飞机提供推动力的火箭发动机。

1940年,火箭俱乐部已经解决了火箭燃料问题。那年夏天,冯·卡门教授完成了4个描述理想条件下使用限制燃烧的固体推进剂的发动机的公式。马林纳也已经证明,如果喷气管喉部的面积与推进剂的燃烧面积比是一个常数的话,这样的发动机在理论上就是可行的。

同样是在这一年,我收到了一封来自王助上校的信,要求我回国效力,尽一个"庚子赔款奖学金"留学生的责任和义务。按照当初的规定,我在美国的最长停留时间只有3年,但是我已经在这里待了5年了。

那时，我已经从加州理工学院正式毕业了，学生签证也即将到期。我比谁都清楚，回国不仅意味着我要放弃与全世界一流人才共同解决最前沿问题的机会，也意味着我在科学前沿领域所做的努力就要前功尽弃了。

在1940年4月20日那天，冯·卡门教授提笔给王助写了一封信，他在信中这样写道：

"我认为，让钱学森在回中国前在航空工程学和航空科学的不同领域继续从事某些研究工作，这不仅是为了钱学森的前途，也是中国的利益所在。他已经在高速流体学和结构学领域有了突出建树。

…… ……

出于以上这些观点，我建议让钱学森在加州理工学院多待一年。当然，作为一名合作者，我非常欣赏钱学森的出众能力和个人品行，但相信我，亲爱的王助上校，我的建议并不是缘于自私。"

把研究重点转向火箭和导弹

1939年，一份绝密的军事情报，被投进了英国驻挪威首都奥斯陆大使馆的信箱里。这份被称为"奥斯陆报告"的情报透露了两个重大消息：一是德国正在研制火箭、导弹；二是德国正在研制大规模杀伤性武器——

原子弹。

时任英国首相丘吉尔，迅速把这一重要情报转告给了美国总统罗斯福。罗斯福知道后大为震惊，立即拨款投入军事科学研究，希望在原子弹及相关军事装备上超越德国。

德国在火箭研制工作中的进展，也令美国军方坐立不安。于是，美国五角大楼立即派人前往加州理工学院，邀请冯·卡门教授主持研制新式火箭，要求他尽快提出具体方案。

导弹成为美国政府重点研制的新式武器。导弹的基础是火箭，因此，加州理工学院那个"自杀俱乐部"——火箭俱乐部，立刻就受到了美国政府的高度重视。

接下来，冯·卡门教授受命主持美国火箭、导弹的研制工作，作为冯·卡门教授左膀右臂的我，自然也就把研究的重点转向了火箭和导弹。美国的"两弹计划"，就这样改变了我的研究方向，甚至也改变了我的人生。

1941年，由于火箭技术得到美国政府的高度关注和重视，火箭俱乐部的好日子也终于到了，并因此扩大成了"航空喷气通用公司"。冯·卡门教授出任总经理，马林纳为司库，我出任公司顾问。

我们经过研究后认为，当务之急是建立一个新的、大型的火箭实验室。这个实验室被命名为"喷气推进实验室"，简称"JPL"。只有建立了这样的实验室，才能设计出射程超过100英里（160.93千米）的火箭。

美国陆军参谋长马歇尔很爽快地同意了这个方案，立即拨款300万美元给加州理工学院，用于兴建喷气推进实验室。这也充分表明，美国政府和五角大楼已经把发展火箭技术列为头号工程。

有了资金的支持，喷气推进实验室就在火箭俱乐部当年进行试验的阿罗约·塞科河谷动工修建了。

冯·卡门教授亲自担任喷气推进实验室主任一职，下设导弹、材料、火箭、结构4个小组，我被任命为火箭研究组组长。

作为喷气推进实验室的小组负责人，我主要负责"列兵A型"导弹的研究工作。这是一枚小型固体燃料推进导弹，其理念就源自我和马林纳在一份报告中的演算结果。

当时，10多名科学家在我负责的小组工作，其中一半是擅长应用数学的理论学家，另一半则是电子学家。每周三下午，我都要与其他小组的负责人一起开会。这些会议的重要性，不亚于火箭发射时各小组负责人亲临现场。

航空喷气通用公司正式成立后，很快就接到了来自美国军方的很多订单，要我们设计、制造新式的航空、火箭武器。

"JATO"计划就是在1941年8月完成的。我在"JATO"的研究、设计过程中，也发挥了重要作用。在第二次世界大战中，"JATO"这种重型轰炸机的火箭助推起飞装置，在美国空军中得到了广泛的运用。

我当时仔细研究了美国情报部门送来的德国导弹情报，还获得了德国V-1火箭的详细介绍。

在此基础上，我完成了长篇报告——《喷气推进》，这是美国首篇全面系统论述喷气推进原理和导弹性能的报告。后来，这篇报告甚至还成为美国空气动力学研究生和军事工程师的必读资料。

然而，随着航空喷气通用公司接受的军方订单越来越多，我参与的工作却越来越少了。因为我不是美国人，按照美国政府的规定，不能参加涉及军事机密的研究工作。

投入空气动力学的研究

接下来的日子里,我就在冯·卡门教授的指导下,主要投身于空气动力学的研究,也发表了多篇相关的论文。

1940—1942年,我主要研究的是结构屈曲问题。在两年多的时间里,我撰写了多篇关于球体外壳、薄圆柱体外壳和圆柱结构屈曲问题的论文。其中一些论文,也是与冯·卡门教授合作完成的。

当工程师们设计飞行器的不同外形时,就可以把我写的这些理论性的论文作为参照的模板了。我还清楚地记得,当时在加州理工学院进行的一项实验,也证实了我的许多理论推测。

根据数学演算,我发现圆柱状的外壳的屈曲模式通常为钻石形状的。为了证实这一发现,我们就在航空系大楼的外面竖立起一个10英尺(约3米)高、直径3英尺(约1米)的金属圆柱外壳。

通过缓慢注水,我们从圆柱内部施加压力,金属外壳就开始慢慢变形,出现了许多钻石形的网格。亲眼看见自己的理论通过实验得到了验证,我自然兴奋不已。

在此期间,我还受邀参加了加州理工学院的风洞设计工作。这个风洞可以模拟产生超音速气流。

后来,美国陆军军械部拨给加州理工学院1万美元,用于建造一个口径仅为2.5英寸(约6.35厘米)的风洞。1942年,我和其他人合作,造出了全美第一个可以达到4马赫速度的连续运行的超音速风洞。

因为参加了这个项目,我还在《航空科学杂志》上发表了一篇题为《风洞的收缩圆锥设计》的论文。收缩圆锥形如漏斗,当风从里面穿过时,逐渐缩小的口径就会增加风的速度。

我还发现,如果圆锥某些部位的曲度过大,就会产生边界层流。在论文中,我也给出了一个公式,可以让气流速度低于亚音速风洞中的速度。

为了尽量留住自己的得力助手,1941年8月,冯·卡门就把我的居留身份由原来的学生转为了访问学者。对于自己培养的人才不能参加美国的火箭研究这件事,冯·卡门感到很遗憾,他不遗余力地向美国军方适时推荐我。

记得在1942年12月1日那天,经过美国军方的安全审核,我终于获得了安全许可证,获准参加海陆空三军、国防部、科学研究发展局等一切军事机密工作。

10 – 改变人生的一份绝密情报

从那以后，我就随时都有机会介入美国国防的核心机密了，从而也为我日后在美国的火箭研制中取得进展铺平了道路。于是，我再度加入马林纳的火箭研究。

拿到安全许可证后，我的工作节奏也变得越来越快。

1943年4月，我完成了一项关于高速飞行时XSC2D整流罩上方压力分布的研究；7月，完成一份关于使用喷气机所产生的喷射力作为启动液态推进泵的能量来源的报告；10月，完成关于固体推进剂中添加金属固体以改善性能的可行性报告。

1944年3月，我为喷气推进实验室进行了一项重要的对比试验，比较了不同喷气推进系统的性能；5月，我完成一份讨论压缩机或涡轮机叶片变形所带来的影响的报告；8月，完成一份关于平坦表面与高速气流间热转换的文章。

与冯·卡门教授和马林纳一起，我们对不同类型火箭的优点和缺点进行了深入、细致的分析。

经过研究，我们推断，将涡轮式喷气发动机和冲压式喷气发动机结合起来，可能是火箭发射升空后飞行最初阶段的最佳解决方案。

科学家小故事

科学上没有什么认识是最终的

1941年,冯·卡门与钱学森共同撰写了《柱壳轴压屈曲》,发表在《航空科学杂志》第八卷上。

这篇文章的定稿手稿只有几十页,但从钱学森积存下来的手稿中可以看出,他对这篇文章进行了五次修改,为这项工作所做的演算草稿达700多页。

在把最后一稿装入信封时,钱学森随手写上了"Final"(最后的定稿),但他思索片刻,在"Final"旁边又写下"Nothing is final!!!",即"(科学上)没有什么(认识)是最终的"。

11 审讯德国"火箭之王"

> **科普小贴士**
>
> **中国成为第三个成功发射导航卫星的国家**
>
> 2000年10月和12月,两颗北斗一号导航卫星相继定点于东经140度和东经80度赤道上空。2003年5月25日,北斗一号导航系统的第三颗卫星发射成功,使中国初步形成了第一个区域性卫星导航系统。自此,中国成为继美国和苏联之后第三个能自行研制并成功发射导航卫星的国家。
>
> 2012年4月30日,中国成功用"长征三号乙"运载火箭将中国第十二颗、第十三颗北斗导航系统组网卫星顺利送入太空预定转移轨道。2019年5月17日,中国成功发射了第四十五颗北斗导航卫星,至此,中国"北斗二号"区域导航系统建设圆满收官。

这才是你该追的星
钱学森

> 2020年7月31日上午,北斗三号全球卫星导航系统正式开通。北斗卫星导航系统可在全球范围内全天候、全天时为各类用户提供高精度、高可靠定位、导航、授时服务。

前往五角大楼工作

1944年9月初,亨利·阿诺德将军在停在纽约机场的一辆小轿车里,与冯·卡门教授进行了一次秘密会谈。

将军告诉冯·卡门教授,他需要一项可以为军方描述未来空中战争、空中军事力量和制导火箭的可行性的研究。他希望冯·卡门教授能够召集一批科学家,效力于五角大楼。

受宠若惊的冯·卡门教授,立刻接受了这一邀请。后来,冯·卡门教授就离开加州理工学院,正式成为美国陆军航空部的顾问。

几周后,冯·卡门教授向我发出了一个相当具有诱惑力的邀请。他邀请我和他一起前往华盛顿,作为他的助手之一,成为科学顾问小组的成员。

这个由30多名顶尖科学家和工程师组成的科学顾问小组,主要任务是为陆军和空军最高指挥官提供咨询,帮助他们衡量未来空中战争的所有可能的选择方案。

不久后,我辞去了喷气推进实验室的职务,前往华盛顿的五角大楼工作。当时,我还被授予一枚金质徽章,可以参与涉及最高国防机密的工作。

为了执行阿诺德将军的指令,在短短的两三个月中,我走访了美国的一些研究机构,包括RCA实验室、美国航空顾问委员会、喷气推进实验室和其他研究机构,对美国航空发展的动向有了更深入和清晰的认识。

在五角大楼时,我通常在忙着写报告,同时跟其他专家一起讨论彼此的想法,互相交换草稿。在这段时间里,我完成了《军事飞行器未来发展趋势报告》。这份长篇报告讨论了飞行器的不同推进和控制方式,还探讨了有关空气动力学的问题。

1945年3月,第二次世界大战接近尾声。就在德国投降的前夕,阿诺德将军建议冯·卡门教授带领一个由顶尖科学家组成的调查小组奔赴德国,参与对德国人

的审讯，以调查德国在火箭研发上的最新进展。

冯·卡门教授希望我能够同行。在1945年4月底，我跟随美国国防部科学咨询团，搭乘一架运输机，飞往了欧洲。

"火箭之王"的重磅报告

到当时火箭技术最为先进的德国考察，对我来说是一次相当难得的学习机会。当年我在师大附中读高二时，选修的第二外语就是德语，这下派上了大用场。

在整个考察期间，我对考察的过程做了详尽的记录，这也为我后来撰写考察报告提供了重要的依据。美国国防部科学咨询团在访问德国之后，写给国防部的报告共计十三章，我参与了其中五章的编写。

在考察期间，我还参与了对德国"火箭之王"冯·布劳恩的审讯。

没想到，这次审讯，还促成了一份极为重要的文件的诞生。

在审讯过程中，我请冯·布劳恩准备一份关于以往火箭研究经验和对未来发展的个人展望报告。

在这份名为《德国液态推进火箭的发展与未来展望》的报告中，冯·布劳恩这样写道，未来的火箭将可以在40分钟内实现从欧洲到美国的飞行，卫星将能够在一个半小时内绕地球一周，并且由"飘浮在半空，身着潜水服的人"在太空中建设太空实验室。

这份报告吸引了美国海军航空部的注意，并最终促使美国着手研制人造地球卫星。

通过审讯，我们还获悉了一个令人震惊的情报，德国已经开始研制一种射程可以达到3000英里（约4828千米）的远程导弹，纽约在它的射程之内。作为"头号宝贝"，冯·布劳恩很快就被美军用飞机秘密送到美国。

1958年1月，由冯·布劳恩设计的"丘比特C"火箭成功地把美国第一颗人造地球卫星"探险者1号"送上了太空。1969年7月，由他设计的世界上最大火箭"土星5号"第一次把人送上了月球。冯·布劳恩顿时成了美国家喻户晓的英雄。

科学家小故事

三代空气动力学家的奇遇

在德国考察期间，冯·卡门和钱学森参与审讯近代流体力学的奠基人——普朗特，可以说，这是一次历史性的会面。因为这是三代空气动力学家的会面,普朗特是冯·卡门的导师,而冯·卡门又是钱学森的导师。

后来,冯·卡门在晚年口述的回忆录中这样写道:"我发现,是钱学森和我在哥廷根共同审问我昔日的老师普朗特。这是一次多么不可思议的会见啊,现在把自己的命运和红色中国联系在一起的我的杰出的学生,与为纳粹德国工作的老师会合在一起,我们经历的是一个多么奇特的境遇。"

钱学森的学生宋健,也这样论及三代空气动力学家的会面:"普朗特、冯·卡门、钱学森三代,为三个不同国家做成了导弹,普朗特为德国,冯·卡门为美国,我们的钱学森为中华人民共和国。"

12 重回麻省获终身教职

> **科普小贴士**
>
> ### 成为第三个将人类送上太空的国家
>
> 2003年,航天员杨利伟,穿越大气层,经历万里之遥为浩瀚星空增添了一抹中国红,标志着中国成为继苏联和美国之后世界上第三个将人类送上太空的国家。
>
> "神舟五号"飞船搭载航天员杨利伟,于2003年10月15日9时整在酒泉卫星发射中心发射,在轨运行14圈,历时21小时23分。其返回舱,于北京时间2003年10月16日6时23分返回内蒙古主着陆场,其轨道舱留轨运行半年。
>
> "神舟五号"是中国载人航天工程发射的第五艘飞船,也是中国发射的第一艘载人航天飞船。"神舟五号"的成功发射,实现了中华民族千年飞天的愿望,是中国航天事业在21世纪的一座新的里程碑。

发表最著名的一篇论文

从德国回来之后,我又重新担任加州理工学院的研究和教学工作。1945年11月,我被提升为航空系的副教授。

从1945年到1946年,我完成了专著《喷气推进》及《开创新领域》系列报告,并完成了关于"超空气动力学"的论文。我的这些研究,为学术界带来了深远的影响。同时,也帮助我奠定了在航空学界仅次于冯·卡门教授的地位。

当时,冯·卡门教授对我的工作很满意。他认为,我的工作为高速空气动力学和喷气推进领域的进展,提供了极大的推动力。出于这些原因,冯·卡门教授提名我在美国空军司令部科学顾问委员会中任职。

1946年5月20日,我向《航空科学杂志》提交了一篇题为《超空气动力学及稀薄气体力学》的论文。这算得上是我在美国留学和工作期间发表的最著名的一篇论文了。

我提出,空气不再是理想气体,而是彼此经常发生碰撞的快速移动的粒子的集合。在较低的高度,空气分子密度较高,因此气体可以被看作平滑和连续的。但在高空中,当空气十分稀薄、气体分子分布稀疏时,它们之间的碰撞就不再那么频繁了。

我还设计出了一整套全新的空气动力学公式，将空气的分子结构和气体粒子之间的平均距离等因素考虑在内。这样一来，我就革命性地改变了空气动力学家思考高空高速飞行的方式。于是，这篇论文在当时就获得了极大关注，后来也被频繁引用。

36岁获得终身教授

在《超空气动力学及稀薄气体力学》发表前，我的母校麻省理工学院邀请我去航空工程系任副教授，并许诺随后转为终身教职。最后，我欣然接受了这个邀请。

我十分清楚，要想在火箭领域有所建树，就必须掌握一些加州理工学院之外的东西。当时，加州理工学院擅长结构和空气动力学，但在麻省理工学院，我可以学到更多的关于仪表设备和控制系统方面的知识。

1946年8月，我正式辞去了加州理工学院的职位，终止了与喷气推进实验室的合同，重返那所我于10年前就读的大学任职。

作为一名新任职的副教授，我在古根海姆大楼的三层有了一间自己的办公室。没想到，我的到来，当时还使许多学生对航空工程系趋之若鹜。当我的校友知道我

这才是你该追的星
钱学森

要来的时候,大家都很兴奋。

在回到麻省理工学院后,我对核物理非常感兴趣,并在《航空科学杂志》上发表了一篇题为《原子能》的论文。在这篇论文中,我简明扼要地解释了爱因斯坦的质能理论、原子结构、核裂变和结合能曲线等科学术语的定义。

1947年5月,《麻省理工评论》上登出了我被升为正教授的消息。在当时的美国,大多数教授都要从事至少20年以上的教学、咨询和管理工作,才能获得这样一个永久性教职。但那时,我才36岁。

不过,在回到麻省理工学院一年后,我却开始考虑要离开了。因为我与麻省理工学院其他教授之间的分歧越来越大,这种冲突在麻省理工学院的学术研讨会上不断上演。每当发言者犯错误时,我就会毫不客气地大声指出他的错误。

当时,我把加州理工学院严苛的研讨会风气,也带到了麻省理工学院。对那些我认为不

够严谨的理论，我的态度尤其尖锐。我心想，这种严谨的科学精神，也是成就一位伟大科学家的必备品质。

1947年7月，我决定趁暑假放假期间，向麻省理工学院请假，回国探亲。当时，中国和美国刚有了直达航班。我从美国乘飞机抵达上海龙华机场。阔别祖国12年之久，这是我第一次踏上回国之路，见到了自己日思夜想的父亲。

我清楚地记得，在1947年9月17日那一天，在上海沙逊大厦（今和平饭店），我和比我小8岁的蒋英喜结连理。

一周之后，我一个人先返回美国，继续在麻省理工学院的教学和研究工作。1947年12月，蒋英顺利来到美国。1948年10月13日，我们的长子出生，我给他取名钱永刚。

科学家小故事

"内定"交通大学校长

就在钱学森回国期间,1947年8月28日上海《申报》刊登了一则"国立交通大学校长人选,教育部内定交大校友钱学森继任"的报道。3天后,也就是8月31日,天津《大公报》同样刊登了"教育部决定聘请钱学森继任交通大学校长"的报道。

原来,钱学森从美国回来时,正是交通大学校长一职空缺之际,国民党政府十分看重钱学森,教育部就"内定"钱学森为交通大学校长,并派人与他洽谈。

不料,钱学森却连连婉言推辞,不愿出任交通大学校长,他不愿为国民党政府装点门面。

13
遭遇人生的大麻烦

> **科普小贴士**
>
> **中国成为具有深空探测能力的国家**
>
> "嫦娥一号"是中国探月计划中的第一颗绕月人造卫星。2007年10月24日,"嫦娥一号"发射升空。2009年3月1日,"嫦娥一号"完成使命,撞击月球表面预定地点。
>
> "嫦娥一号"卫星共传回1.37TB的有效科学探测数据,获取了全月球影像图、月表部分化学元素分布等一批科学研究成果。"嫦娥一号"卫星首次绕月探测的成功,使中国成为世界上为数不多的具有深空探测能力的国家之一。
>
> 2010年,"嫦娥二号"获得了更高精度的月球表面三维影像,探测了月球物质成分、月壤特性、地月与近月空间环境。2013年,中国第一个无人登月探测器"嫦娥三号"成功

> 实施月球软着陆。
>
> 2018年,"嫦娥四号"带着"玉兔二号"来到了月球背面,为人类首次揭开月球背面的神秘面纱。2020年11月,"长征五号"成功将"嫦娥五号"送入地月转移轨道,开启中国首次地外天体采样返回之旅。

坚定了回国的想法

就在喜得贵子的同时,我收到了一份来自古根海姆基金会的工作邀请,我的人生即将又一次被改写。

古根海姆基金会一直热心资助航天方面的研究。1948年,基金会决定在加州理工学院和普林斯顿设立两个喷气推进研究中心。这两个中心,都向我发出了让我出任主任的邀请。

经过仔细权衡,我还是决定接受加州理工学院的邀请。毕竟在那里,有很多我的老朋友,还有我的导师冯·卡门教授。

1949年初夏,我返回了加州理工学院,出任喷气推进中心主任,同时担任航空系教授,兼任喷气工程公司的顾问。

到1949年12月,我的知名度又一次得到了很大的

13 – 遭遇人生的大麻烦

提升。当时,在纽约举行的美国火箭协会年会上,我受邀做了报告。

在报告中,我描述了自己对洲际运输火箭的设想蓝图,借助这种长度为80英尺(24.384米)、直径为9英尺(2.74米),形状酷似削尖了的铅笔的未来交通工具,人们可以在一个小时之内就从纽约飞到洛杉矶。我还向大家展示了一幅这种火箭的设计草图,并宣称这完全是现有技术所能实现的。

未曾想,我的这场报告,竟然成了整个大会的亮点。《大众科学》和《飞行》都刊载了这种火箭的示意图。《纽约时报》和《时代》都以长篇报道的形式,介绍了我的科学创想,同时还刊登了我的照片。

在重回加州理工学院的第一年中,我还做过更大胆的预测。我认为,飞往月球的目标不出30年就可以实现,从地球飞往月球只需要一个星期。

在1950年6月6日那天,两名美国联邦调查局的特工来到我在加州理工

学院的办公室。他们宣称，我是美国共产党党员，早在1939年就成为美国共产党帕萨迪纳支部第122教授小组的成员。

就在联邦调查局盘问我的那一天，加州理工学院也收到了一封来自驻扎在旧金山的美国陆军第六军总部的信件，要求校方禁止我从事任何与美国军事机密相关的研究工作，并立即收回我的安全许可证。

早在1949年10月，中华人民共和国成立后不久，我就收到父亲的来信，催促我尽快回国，因为父亲即将接受一个胃部手术。对父亲的牵挂，加上联邦调查局的这些无理取闹，坚定了我早日归国的想法。

美国仔细"研究"我的行李

很快，我就预订了加拿大太平洋航空公司8月28日从加拿大首都渥太华飞往中国香港的机票。与此同时，我也进入了"紧急状态"，开始在办公室里收拾书籍、手稿、笔记本等，并委托打包公司帮忙打包。

然而，就在离航班起飞只有5天的时候，我收到了一纸限制出境的公文："禁止离开美国！"面对这当头一棒，我感到无比震惊，又无比愤懑。

下达这一禁令的是美国海军次长金贝尔。据说，他

13 - 遭遇人生的大麻烦

在给美国司法部的电话中说了这样一句话：他知道所有美国导弹工程的核心机密，一个钱学森抵得上5个海军陆战师的兵力，我宁可把这个家伙枪毙了，也不能放他回中国去。

既然已经被限制出境，我只好退掉了机票，并从海关取回原本打算托运到香港的8个大行李箱。

但令我万万没想到的是，海关却告诉我，我的行李被依法查扣了，他们还声称我的行李中有美国机密文件，违反了美国的《出口管制法》《中立法和间谍法》。我深知，给我扣上"违反《间谍法》"的帽子，就意味着问题相当严重了。

原来，我在办公室整理文件时，就已经处于美国联邦调查局的监控之中了。当我的8个大行李箱到达打包公司的仓库时，联邦调查局就会同美国海关、美国空军调查官员和美国国务院的官员，开始仔细"研究"我的行李。

不过，"研究"我的行李并不是一件容易的事情。因为这些行李中有超过100本未分类的书籍，以及大量中文、德文和俄文的科学论文、政府文件和行业报告。

此外，这些行李中还有9本整理得极其仔细的剪报本，足有400多页。剪报是我多年来养成的工作习惯。

只要看到有参考价值的文章,我就会把它从报纸上剪下来,整整齐齐地贴在剪报本上,按内容分类。

美国联邦调查局在"研究"中发现,其中还有关于美国原子能方面的详尽剪报。他们感到很不理解,我的专业是火箭,并不是原子能,我为什么那么关注美国的原子能研究呢?

最后,他们居然把我的这些文字性东西,用缩微胶卷拍下来,拍了12000多张底片。他们在我的行李中,还发现里面有的文件盖着"机密""保密"的图章,甚至还发现一本"密电码"。

为了给限制我离开美国寻找一个说得通的理由,联邦调查局开始给媒体放话。于是,洛杉矶的报纸《洛杉矶时报》《明镜》等立即就以大字标题报道:在钱学森回中国的行李中查获秘密资料。

我当然不能容忍媒体这样抹黑自己,就在报纸上发表声明:我想带走的只是一些个人的笔记,其中多数是一些我上课的讲义,以及未来研究所需要的资料。那些盖着"机密""保密"图章的文件,早就过了保密期。

我还针对媒体报道中宣称我的行李中夹带"密码"做了进一步说明:这里没有重要书籍、密码书或蓝图,只是一些草图、对数表,不过它们可能被误认为是密码或暗号。

他们的最大收获,就是在我的行李中,发现了一张化名"约翰·德克尔"填写的美国共产党党员登记表,这和警方线人抄录的情况一致。这居然就成为证明我是美国共产党党员的重要物证。

然而,这张表上并没有我的签名,而且也不能证明我曾经提交过这份申请表,在法律上根本站不住脚。当然,我马上就想起了中国的那句古话:"欲加之罪,何患无辞。"

保释费高达15000美元

我的处境已经越来越危险了。1950年9月7日下午,美国移民局派出两名特工,在我家里逮捕了我。其实,逮捕证在几个星期之前就已经被签署了。

当移民局官员来到我家中时,我的夫人手里正抱着我们刚刚出生两个多月的女儿钱永真,只有两岁的儿子钱永刚躲在墙角瑟瑟发抖。我非常平静地走了出去。

移民局的人很快对我进行了常规的审讯。之后,两名特工以隐瞒党员身份、于1947年非法入境这两项罪名向我提出指控,并向我出具了逮捕证。之后,我就被关在洛杉矶以南的特米诺岛的拘留所里。

这才是你该追的星
钱学森

考虑到我是著名的科学家,移民局并没有把我关在那些拥挤的房间里。但我的容身之处,也仅仅是一个带有独立的卫浴设备的单人房间。

我从来没有想过,自己会有身陷囹圄的那一天。我所取得的博士学位,获得的终身教职,为科学发展做出的贡献,曾经拼命工作的经历,在这个时候都显得那么苍白无力。

当然,加州理工学院一直在背后努力,希望能够争取早日释放我。9月18日,我被迫写下一份声明,保证在没有得到书面许可的前提下,绝对不会离开美国。几天后,我就被保释,保释费高达15000美元。

后来,在接受记者采访时,我还以开玩笑的口吻谈到这件事:"相对于普通绑架案1000到2000美元的标准赎金,我真的替自己感到骄傲。"不过,在当时,我还是深感屈辱和愤懑。

我不仅在这15天里体重掉了30磅(约13.6千克),还不能说话了,也就是失声了。

虽然我得到了保释,但我并没有获得完全的人身自由。移民局规定,我每个月必须要到帕萨迪纳移民局去登记,并要随时接受移民局官员的传讯。另外,还规定我只能在洛杉矶市内生活,如果要超出洛杉矶的市界,

13 - 遭遇人生的大麻烦

必须申报,获得批准方可出洛杉矶。

我们还发现,在我的住所附近,经常会出现移民局的特工暗中监视我。在夜深人静的时候,我家里的电话时常会突然响起,一拿起电话,对方就立刻挂掉了。当然,我的电话也受到监听、信件也被拆检,连我外出,身后都会有人随时跟踪。事实上,我仍然处于软禁之中。

1950年11月初,我的8个大行李箱经过移民局2个多月的反复"研究",并没有发现其中有任何机密文件,他们这才决定把行李全部退还给我。

经过几番审讯,1951年4月26日,帕萨迪纳移民局通知我,我被认定曾经是美国共产党党员,依据美国相关规定,必须驱逐出境。这正合我的心意,从几个月前,我就已经在准备要离开美国了。

然而,移民局的这一决定,却受到了华盛顿方面的干涉,他们要求移民局暂缓执行对我驱逐出境的决定。其实,我心里十分明白,这样的拖延战术,无非是想在迅猛发展的科技时代,让我脑袋中的那些科学知识老化,变得陈旧,变得无用。

为了方便一旦被允许回国,我们能马上动身,我的租房合同往往只签一年,而那些从海关取回的八大箱行李,我也一直没打开过,便于随时交船托运。

> **科学家小故事**

一下子就瘦了30磅（约13.6千克）

在被关押的那段煎熬的日子里，钱学森受到了肉体上和精神上的双重折磨，一下子就瘦了30磅。

钱学森出狱后，曾对记者这样说道："15天里，我一直被严密看押，不能和任何人说话。每天晚上，狱警每隔15分钟就打开一次电灯，让我得不到任何休息。这种折磨让我在这么短的时间里就瘦了30磅。"

14
成功寄出一封求助信

> **科普小贴士**
>
> ### 拥有建立空间实验室的能力
>
> "天宫一号"是中国载人航天工程发射的第一个目标飞行器,是中国第一个空间实验室,也是中国载人航天工程"三步走"战略计划第二步的第二阶段,标志着中国已经拥有建立初步空间站,即短期无人照料的空间站的能力。
>
> "天宫一号"于2011年9月29日发射升空;于2016年3月16日,正式终止数据服务;于2018年4月2日再入大气层,销毁部分器件。"天宫一号"共进行了地球环境监测、空间环境探测、复合胶体晶体生长三个方面的科学实验,获得了大量宝贵的实验数据。
>
> "天宫一号"作为空间实验室的重要组成部分,其关键技

> 术为"空间交会对接"。"天宫一号"发射入轨，先后与"神舟八号""神舟九号"和"神舟十号"飞船完成多次空间交会对接。
>
> "天宫二号"于2016年9月15日发射升空，是中国首个具备补加功能的载人航天科学实验空间实验室，先后与"神舟十一号""天舟一号"进行对接，是中国第一个真正意义上的太空实验室。

"要回一个钱学森"也是值得的

1955年5月，我在美国的一张华人报纸上，看到一个非常熟悉的名字——陈叔通。他是我父亲的好友。后来，我又陆续从报纸上得知中美两国正在谈判双方侨民归国的问题，美国甚至还宣称中国学生愿意回国的都已经放回了。

于是，我马上想到给陈叔通先生写信求助，在信中报告自己仍被美国拘留，无法回国的处境，希望他能出面请求中国政府给予帮助。

然而，处处都被监控的我，要把这样一封求助信寄出去，谈何容易。我深知，这就跟发射火箭一样，任何细节都不容忽视。为了能够把这封重要的信顺利寄出去，我经过了精心的思考和准备。

1955年6月15日，我先在家里写好草稿，然后再用繁体字端端正正地写下致陈叔通先生的这封至关重要的求助信。

在信中，我告诉陈叔通，美国在说谎，除了我，还有很多想回国的中国学生不能回国。同时，我还附了一份《纽约时报》的特别报道的剪报，在这篇报道中，就非常明白地写了我所面临的艰难处境。

当信写好后，怎么寄出去又是另一个难题了。我当时并不知道陈叔通先生的通信地址，所以只能先寄给在上海的父亲，由他代转。但是，如果直接从美国寄信给父亲，肯定面临很大的风险，很可能会被联邦调查局的人拆开检查。

我把这封信写好之后，就装在一个信封里，并在信封上写好了上海的家庭地址。然后，我再把这封信夹在夫人蒋英寄给当时侨居比利时的妹妹蒋华的信中，这样就相对安全很多。蒋英在信中请求妹妹在收到信之后，从比利时把我寄给父亲的信转寄到上海。

为了万无一失，我对每一个细节都非常注意。我让蒋英模仿儿童的笔迹，用左手在信封上写了妹妹家的地址，以免联

这才是你该追的星
钱学森

邦调查局的特工认出蒋英的笔迹。接下来就是如何顺利又安全地把这封信投进邮筒了。

我突然想起来,在一家大商场里有一个咖啡馆,那里有邮筒。于是,我赶紧就和夫人来到那个商场。我在门口等待,蒋英走进商场,瞅瞅四周没人注意她,就敏捷地把信投进了邮筒。

蒋华收到信之后,立刻就将信转寄给了我父亲。他收到信后,马上又寄给了他在北京的老朋友陈叔通。陈叔通收到信后,当即转给了周恩来总理。

周总理深知这封信的重要性,又令外交部火速地把信转交给正在瑞士日内瓦进行中美大使级谈判的中方代表王炳南,并指示他要在谈判中用这封信揭穿美国的谎言。

1955年8月2日,王炳南大使就当着美国代表约翰逊的面,一字一句地念了我写的这封信,戳穿了美国一直宣称的"中国学生愿意回国者皆已放回"的谎言。约翰逊哑口无言。

后来，周总理还曾感叹：中美大使级谈判虽然没有取得实质性成果，但我们毕竟就两国侨民问题进行了具体的、有建设性的接触，我们要回了一个钱学森。单就这件事来说，会谈也是值得的、有价值的。

历经艰难险阻顺利回国

在1955年8月至9月举行多次会谈后，中国和美国达成正式协议，互相遣返对方公民。在一封日期为1955年8月4日的信中，美国移民局正式通知我，可以自由离开美国了。

至此，包括我在内的94名中国留美科学家，一并获得了回国的自由。后来将中国引领到核武器时代的科学家中，这些归国的学者占据了将近一半。

1955年9月17日，我和蒋英带着一双儿女搭乘"克利夫兰总统号"邮轮，返回地球另一端的祖国。就在我离开洛杉矶的那一天，当地的《帕萨迪纳晨报》上还以特大字号的通栏标题报道了这一轰动性的新闻。

从美国洛杉矶到中国香港，一万多千米，在途经日本、菲律宾等地时，乘客可以上岸放放风。当船到日本、马尼拉等地，其他人有时候会上岸去看看。我知道自己不能去，因为我一离开这个船就是离开美国的领

这才是你该追的星
钱学森

土,美国人就对我的安全不负责了,所以我一直没有下船,不管多么难受也要在船上待着。

经过21天的航程,在1955年10月8日的早上,"克利夫兰总统号"邮轮顺利到达香港。我们经过香港至深圳罗湖口岸。

当天中午,当我们跨过罗湖桥时,中国科学院的代表朱兆祥和其他官方科学协会的人,对我的到来表示了热烈欢迎。我第一次感受到了祖国同胞兄弟般的温暖。

接下来我们到了广州。在广州,我几乎受到了明星般的待遇。1955年10月9日,新华社从广州发出的电讯《钱学森到达广州》,是我归国之后的第一篇报道。报道中首次向中国同胞介绍了我从1935年赴美求学到1955年历经艰难险阻顺利回国的这段经历。

科学家小故事

一封电报成了谜

启程回国前,钱学森收到了一封父亲发来的电报,电报内容很简单:沿途切勿下岸。为了安全起见,他就照做了。

但有意思的是,当回到上海,他的夫人蒋英向父亲询问

14 - 成功寄出一封求助信

这封电报的时候,父亲却回答:我没发过。这封电报究竟是谁发的?当时成了一个谜。

  50年后,外交部解密了部分档案,其中就包括这封电报的底稿。原来,这是外交部担心钱学森的安全,害怕他在归国路上发生意外,特意以他父亲的名义叮嘱他留在船上,不要上岸。埋藏在他们一家心里多年的谜,终于解开了。

这才是你该追的星
钱学森

15
外国能造的，中国同样能造

> **科普小贴士**
>
> **中国航天迈进"空间站时代"**
>
> "天舟一号"是中国自主研制的第一艘货运飞船，是向"天宫二号"进行货物运输的地面后勤保障系统，也是中国载人航天工程"三步走"战略计划第二步的收官之作，宣告了中国航天迈进空间站时代。
>
> "天舟一号"于2017年4月20日发射，进入预定轨道；于2017年4月22日与"天宫二号"完成首次对接；于2017年9月22日完成任务，进入大气层烧毁。
>
> "天舟一号"货运飞船与"天宫二号"空间实验室成功完成首次推进剂在轨补加试验，为中国空间站组装建造和长期运营扫清了能源供给上的障碍，使中国成为世界上第三个独

15 - 外国能造的，中国同样能造

立掌握这一关键技术的国家。

"天舟二号"于2021年5月29日发射，"天舟三号"于2021年9月20日发射。2022年1月8日，"神舟十三号"航天员乘组在地面科技人员的密切协同下，在空间站核心舱内，圆满完成了"天舟二号"货运飞船与空间站组合体交会对接试验。

了解祖国火箭研制进程

1955年11月21日，我正式来到中国科学院报到。接下来，中国科学院安排我到全国各地去参观和考察，让我尽快熟悉中国的情况，了解中国科学技术的发展现状。

第二天，我就启程来到了东北，并在当地参观、访问了整整一个月的时间。

我首先来到哈尔滨。在简称为"哈军工"的中国人民解放军军事工程学院，我见到了两位老朋友——罗时均和庄逢甘，罗时均是我在加州理工学院任教时教过的学生。

更为重要的是，我在"哈军工"还受到了陈赓大将的接见。陈赓当时是中央军委分管作战的副总参谋长。跟陈赓握手的那一刻，我的内心非常感动。

令我没想到的是，我刚回国就能进入保密级别较高的军事院校参观，甚至还能被中央军委的领导接见。在那一刻，我深知，只有同宗同祖的中国人才会把我当自己人对待。

陈赓花了一天的时间，亲自陪我参观"哈军工"。在那里，我还见到了很多老同学和老朋友。在参观炮兵工程系时，我见到了任新民，他是中国最早进行火箭研究的专家。

在火箭实验室里，任新民向我介绍了室外固体火箭点火试车的试验，我这才知道，其实祖国已经在着手火箭研究了，并不是一穷二白的状态。

我告诉陈赓，根据我的估计，中国如果研制射程为300千米至500千米的短程火箭，弹体及燃料用两年时间就可以解决，但关键问题是自动控制技术，这个工作量大约要占80%以上。

军队高层出现了一股"导弹热"

从哈尔滨沿铁路一路南下，途经长春、吉林、抚顺、沈阳、鞍山、大连等城市，我几乎走遍了当时全国最大的钢铁厂、煤矿、水电站、炼油厂、冶炼厂、化工厂、机床厂、汽车厂、电机厂、飞机厂，访问了部分大学和科研院所，还应邀做了学术报告。

这次考察，一方面让我看到了祖国一派欣欣向荣、蓬勃发展的景象，另一方面也促成了我对于组建力学研究所、发展力学事业的一些思考。

尤其是在哈尔滨工程大学、长春机电研究所、沈阳东北工学院（今东北大学）的3次演讲，我一次比一次更清晰地勾勒出了未来的蓝图。

1955年12月下旬，我从东北回到北京，彭德怀元帅在北京医院住院期间与我会面。针对他关心的研制导弹相关问题，我略做思考后回答：研制导弹不是一件容易的事，需要有一支搞研究和设计的队伍，需要建一些地面试验设备，也需要有专门的加工制造厂，原材料可能需要全国各有关部门的支持。

接着我又提出，美国从军方开始支持，到研制出第一枚导弹，用了近10年的时间，我们可以比他们快，有5年的时间就可以。

彭德怀听我讲得这么有信心，非常开心，并提出请我给军队高级干部讲课。

此后，我与军方的关系日益密切。在军队高层，甚至还出现了一股"导弹热"。

1956年1月，我给在北京的军事干部普及导弹武器知识，连讲3场，引起中国人民解放军高级将领对导弹的极大兴趣。

那个时候，很多人都还不知道导弹为何物。即使是身经百战的贺龙、陈毅、叶剑英、聂荣臻这些大元帅，也都兴致勃勃地认真听讲。我还告诉他们，中国人完全有能力，自力更生制造出自己的火箭和导弹。

我当时在演讲中还说了这样一句话："我建议中央军委，成立一个新的军种，名字可以叫'火军'，就是装备火箭的部队。"正是我的这个建议，促成了后来"第二炮兵"的成立。

不久后，受周总理的邀请，我又在中南海怀仁堂向党和国家的高层领导人做了关于导弹的讲座。坐在台下的听众，既有中央书记处书记，也有国务院的副总理和部长们。

1956年1月30日至2月7日，中国人民政治协商会议第二届全国委员会第二次全体会议在北京召开。刚从美国回来不到4个月的我，名列新增委员之中，应邀出席这次会议。这也是我在中国政治舞台上的首次亮相。

15 – 外国能造的，中国同样能造

把研制导弹的重任，压在了我的肩上

1956年1月6日，中国科学院力学研究所正式成立。1月16日，陈毅副总理亲笔签署了中国科学院《关于成立力学研究所的报告》。从我回到祖国到成立力学研究所，总共不到3个月时间，这是科学院内成立最快的一个研究所。

1956年9月5日，中国科学院正式发文，任命我为力学研究所所长。

新建的力学研究所，超出了传统的力学范畴，几乎完全是按我关于技术科学的思想建立的，是一个综合的技术科学研究所。1956年11月，我就明确了力学研究所先成立的4个研究组及各自的研究方向。

在力学所，人们经常看到刚刚归国不久的我，每天早出晚归，忙忙碌碌，不是开会或找人谈话，就是埋头读书研究学问，或者做学术报告，介绍国内外的发展。没想到，还有人在几十年后，仍对我当年的学术报告记忆犹新。

1956年1月31日，国务院召开了由中国科学院、国务院有关部门、高等院校领导人和科技人员参加的制定我国科学发展远景规划的动员大会。3月14日，国务院成立科学规划委员会，我被聘为委员。

这才是你该追的星
钱学森

在此后制定的《1956—1967年科学技术发展远景规划》确定的57项国家重要科学技术任务中，第37项为"喷气和火箭技术"规划，作为当时世界上著名的火箭专家，我责无旁贷，这项规划就由我负责主持完成。

同时，我还担任由12名科学家组成的科学规划综合组组长，负责整个规划项目的评价、裁决、选择和推荐工作。我将喷气技术和火箭导弹事业纳入了国家长远规划，勾画了这一尖端技术的发展蓝图。

1956年2月21日，周总理逐字逐句地审阅了由我起草的《建立我国国防航空工业的意见书》。为保密起见，用"国防航空工业"这个词来代表火箭导弹和航天技术。

我的这份意见书，提出了我国火箭导弹事业的组织方案、发展计划和某些具体措施，还列了可以参与这一事业的21位高级专家名单。

3月14日上午，在中国人民解放军原总参谋部，周总理主持中央军委扩大会议。我依据《建立我国国防航空工业的意见书》中的内容，在大会上做了题为"发展我国导弹技术"的报告。

这次会议还决定建立导弹科学研究的领导机构——航空工业委员会。这是中华人民共和国第一个关于火箭导弹事业的国防军事委员会。

国防部长彭德怀在会上明确指出，中国要搞原子弹和导弹。4月13日，国防部就发出通知，国务院决定成立航空工业委员会，直属国防部，聂荣臻元帅任主任，我和其他人为委员。

1956年5月26日，周总理出席中央军委第71次会议，讨论并通过了《关于建立我国导弹研究工作的初步意见》的报告，并做出了发展中国导弹事业的重大决策。

会议决定由航空工业委员会负责，组建导弹管理局（国防部第五局）和导弹研究院（国防部第五研究院）。这两个机构均于同年10月正式成立，我任第一副局长、总工程师兼第五研究院院长。

1956年10月8日，是我归国1周年的日子。就在这一天，国防部第五研究院正式成立。聂荣臻主持成立大会。

随后，第五研究院就从全国招来了200多人，除了少数几位专家和行政人员，有143名刚刚大学毕业的年轻人。

他们中有学化学的、学机械的、学纺织的，还有学文史的，没有一位是学过火箭导弹理论的。当时只有我一个人，是整个第五研究院唯一的资深火箭导弹专家。

那个时候，我要思考和解决的问题很多。例如，从工作计划制定、场地选择、人员配备，到仪器设备购置、与科学院协作分工、请各工业部门支援、有关大专院校配合，等等。

我不断寻找有关领导和专家谈话、协商，深入第一线，逐个解决问题，忙而不乱，疏而不漏。

至此，可以说，研制导弹的重任就压在了我的肩上。国防部第五研究院，从此就成了中国火箭和导弹的摇篮。

科学家小故事

找不到自己的名字牌

1956年2月1日晚上，在毛主席举行的宴会上，钱学森手持自己的请柬，来到原本安排他就座的第三十七桌，却找不到自己的名字牌。

后来，工作人员赶紧领着他来到第一桌，在紧挨毛主席座位的右侧，赫然写着钱学森的名字——这个座位是第一贵宾的位置。他感到受宠若惊。

毛主席热情地邀请钱学森在自己右侧坐下来。他顿时成为整个宴会的焦点。在宴会上，钱学森被毛主席称为工程控制论王、火箭王。

16
成功发射"争气弹"

> **科普小贴士**
>
> **中国成为第三个掌握海射技术的国家**
>
> 2019年,新一代固体运载火箭"长征十一号"首次完成海上发射,填补了中国运载火箭海上发射的空白,中国成为世界上第三个掌握海射技术的国家。
>
> "长征十一号"于2015年9月25日首飞成功;2019年6月5日首次海上发射,以"一箭七星"的方式,将7颗卫星送入预定轨道。
>
> "长征十一号"是中国研制的新型四级全固体运载火箭,创造了13项中国第一,标志着中国在固体运载火箭领域关键技术上取得了重大突破,具备了微小卫星快速组网能力。

这才是你该追的星
钱学森

寻求苏联的援助

1957年9月7日，中国政府派出"两弹"代表团，从北京起飞前往苏联，就苏联政府援助中国研制"两弹"进行谈判。作为"导弹研究院"的院长，我自然也在代表团之中。

"二战"结束后，苏联将3500名德国工程师、技术工人和他们的家属，转移到莫斯科以北200千米的一座岛上，在那里建立了第88研究所。苏联在德国火箭专家的帮助下，成功仿制了一枚苏制导弹，并于1947年10月18日试射成功。

我同苏联专家就火箭和导弹问题进行了深入细致的讨论，全面了解了苏联火箭导弹的概况、计划和规划、组织体制和人员结构等。同时，我也虚心地向苏联专家请教和探讨对中国发展火箭导弹的意见和看法。

当时，我作为中国政府代表团的成员访问苏联，苏联方面却对我格外注意。因为他们知道，

16 - 成功发射"争气弹"

我曾经作为美国国防部科学咨询团的成员，在1945年考察过德国的导弹基地，还参与审讯德国的导弹专家。

因此，在中国代表团参观苏联导弹基地时，苏联方面总是请我到大学做讲座，或者安排苏联科学家与我见面。他们还冠冕堂皇地对我解释说："那些导弹，你在德国和美国都看过，不值得去参观。"

在访苏期间，我所做的工程控制论讲座，也引起了苏联科学家很大的兴趣，因为我的作品《工程控制论》俄文版一年前刚在苏联出版。

苏联之行，为中国争取苏联帮助研制导弹迈开了第一步。1957年10月15日，中苏双方就签订了《关于生产新式武器和军事技术装备以及在中国建立综合性原子能工业的协定》。

协定规定，在1957年至1961年底，苏联将供应我国四种导弹样品和有关技术资料，派遣技术专家帮助我国进行仿制，并提供导弹研制、发射基地的工程设计，增加接收我国火箭专业留学生的名额等。

1957年12月24日，两枚苏制P-2型导弹和一个导弹营的主要技术装备45件，顺利运抵长辛店。苏联还派了一个营的官兵来帮助中国军方学习研究"教学导弹"。

其中一枚导弹送到国防部第五研究院，另一枚留在炮兵教导大队。我当时对炮兵教导大队的学员们说："P-2导弹是苏联第一代产品，谈不上先进，是苏军退役的装备，是供我们教学用的。但是对于我们来说，毕竟有了教学实物，可少走弯路。我在美国就没看到这样的实物，要好好学！"

P-2导弹长为17.68米，直径为1.652米，重20.5吨，射程达600千米。部队领导给官兵们做动员时，还这样说道："我们有从美国回来的火箭导弹科学家钱学森，有一枚苏联支援的教学弹，很快就能研制出国产的最先进的武器——导弹，是能追得上飞机、炸掉飞机的厉害家伙。"

到1958年夏天，国防部第五研究院终于把P-2导弹的技术资料全部翻译出来了，却发现其中少了关键性的火箭发动机试车及试车台等技术资料。后来，苏联方面却这样回应我们："等你们的发动机搞成了，到我们苏联来试车。"

我当时就憋着一股劲，立即召开国防部第五研究院技术骨干的动员大会，号召大家："要自力更生，想办法解决技术难题。"

仿制P-2导弹（中国型号为"1059"导弹，后改称"东风一号")是一项庞大的系统工程，可以说是举全国之力。当时参加仿制工作的单位达1400多家，千头万绪的工作都要由我来拍板决定。

我也多次找苏联专家谈话，进一步明确发动机过程实验室、强度实验室、材料实验室、弹上测量和计算中心等的任务，落实各研究室的课题，重新调配各研究室的力量等。

逼上梁山，自己干

1959年1月5日，经中国科学院党委批准，我被接收为中国共产党预备党员。那天晚上，我激动得彻夜未眠。这是我人生道路上的一个重大里程碑。

回国后，我一边搞科研，一边学习马克思主义理论。我很快就意识到，即便是科研工作也要有明确的政治方向。于是，在1958年初的一个晚上，我来到中科院党组织书记张劲夫的家中，向他郑重提出了入党请求。

我的入党申请书很短："我回国近3年来受到党的教育，使我体会到党的伟大，体会到党为实现共产主义社会这一目标的伟大，我愿为这一目标奋斗并忠诚于党的事业。我谨申请入党。"

这才是你该追的星
钱学森

其实在这之前，我已经先后递交了2份入党思想汇报，共计15页纸。鉴于我对党的深厚感情和认识上的进一步提高，力学研究所党支部认真研究后，决定发展我为中国共产党党员。9月24日，我就正式填写了入党申请书。

1960年的夏天，对于我来说，是最忙碌，也是最紧张的时刻，因为我国第一枚代号为"1059"的导弹研制工作进入了关键时期。就在此时，中苏关系破裂，苏联在一个月之内就撤走了全部专家和设备。

1960年8月，苏联专家撤离后的一天晚上，我来到聂荣臻元帅家，我们两人坐在沙发上互相对视，很久都没说话。面对聂荣臻提出的"我们的事业能够顺利地继续下去吗？"这一问题，我斩钉截铁地回答道："能！当然能！"

其实，当时我找聂帅的目的就是想表态，我们一定要自力更生造出中国的导弹。

1960年10月中旬，在人民大会堂举行的一次大型宴会上，聂荣臻向出席宴会的著名科学家和工程师鼓气，说我们被逼上梁山，自己干！他指出，靠别人是靠不住的，党中央寄希望于我们自己的专家。

紧接着，我也发表了即席演讲。我说，中国科技人员是了不起的。我们不仅有聪明智慧，我们还能够艰苦奋斗。有了这种精神，我们就不怕落后，不怕困难多。我们一定要赶上去！

于是，我们走上了独立自主、自力更生的研制导弹之路。发射"1059"导弹的工作进程，不仅没有因为苏联撤走专家而推迟，我们反而还加紧了发射的准备工作。

此后，每个星期天下午，我都要把几位总工程师请到家里，讨论重大技术问题。我按照民主集中制的原则，先请每位总工程师充分发表意见：对于意见一致的问题，我当即拍板决定；对于意见不一致的，我们集思广益，下次开会再继续讨论。

我这样告诉大家，如果事情干成了，功劳人人有份；如果搞砸了，责任由我一个人来承担。

后来，我们"导弹研究院"的全体人员，自主创新，攻克了无数个技术的和非技术的难关，解决了许多难题。

从此，我们有了自己的导弹

1960年9月，我国第一枚"1059"导弹总装完成。10月，导弹发动机点火试车成功。后来，中央军委决

这才是你该追的星
钱学森

定,用国产推进剂发射"1059"导弹,发射时间定在1960年11月5日。

按照中央军委的决定,我有条不紊地指挥着"1059"导弹的发射准备工作。10月上旬,为了发射第一枚国产导弹,我和任新民等一批导弹专家进入酒泉发射试验基地,为"1059"导弹的发射做相应的技术准备。

10月17日,我们又来到北京长辛店的火箭发动机试验站,组织指挥火箭发动机的地面试车。随着一声扣人心弦的铃声响起,发动机喷射出高温燃气,试车取得了圆满成功。

10月27日,"1059"导弹安全运抵酒泉发射基地。10月28日,"1059"导弹进入技术阵地进行单元和综合测试。11月3日,"1059"导弹的单元和综合测试合格,它被运往三号发射场区,吊到起竖托架上,像一把利剑,直冲云霄。

11月4日,我陪同聂荣臻元帅乘军用专机,从北京飞抵酒泉发射基地。刚到达,我们就开始视察发射现场,这是我国自己生产的导弹,试验工作一定要严肃认真,容不得丝毫疏忽。

我要求大家仔细检查发射前的准备工作。在发射前夕，我们突然发现导弹舵机有漏油现象。这是非常严重的技术故障。经检查，更换了新的部件，重新组装，才最终排除了这一故障。

在往火箭里加完推进剂后，又发生了意想不到的情况，导弹的弹体往里瘪进去一块。我获悉后马上赶往现场，二话不说就爬上发射架，仔细查看故障后才松了一口气，还好弹体的变形没有达到结构损伤的程度。

我冷静地分析了原因，回想起自己当年在美国曾经做过壳体研究工作：如果在加入推进剂之后，泄出时忘了开通气阀，就会造成箱内真空，导致内外压力差过大，这样一来弹体就瘪进去了。在点火之后，箱内要充气，弹体内压力会升高，到时候弹体就恢复原状了。因此，我建议照常进行发射。

然而，这毕竟是中国第一次发射导弹，只许成功不许失败。酒泉基地的司令员和参谋长两人出于谨慎考虑，都不同意如期发射。

按照当时的规定，只有我和基地司令员、参谋长三个人都签字同意才能发射。就在我们三人僵持不下的时候，刚好遇到了聂荣臻，于是我们就请他定夺。他干脆地说，技术上钱学森说了算。我得到了支持。

没想到，就在千钧一发之际，问题却一个接一个

这才是你该追的星
钱学森

地冒出来。总设计师又跑来向我报告,零点触发发现了故障。

我马上把负责这一技术问题的技术员找来,对她下达指令:"必须在10小时内排除故障!"这个刚大学毕业不久的小姑娘顿时急得嘴都歪了。不过,军令如山,这个小丫头居然只花了4小时,就把故障排除了。

11月5日早上9时02分28秒,发射指挥员下达了点火命令。只听见火箭发出震耳欲聋的轰鸣声,"1059"导弹尾部发出一团亮光之后,迅速升空,先是垂直向上,然后在制导系统的控制下转弯,飞向预定的目标。

指挥中心不时传来各跟踪台站的报告:"发现目标,飞行正常。"7分32秒后,飞行了550千米的"1059"导弹准确击中目标。

中国人自己设计制造的导弹,终于发射成功了。当晚,聂荣臻在酒泉基地的庆祝酒会上十分兴奋。这一天,在祖国的地平线上第一次飞起了我国自己制造的第一枚导弹,这是一枚"争气弹",是我国军事装备史上的一个重要转折点。从此以后,我们有了自己的导弹。

这种类型的导弹,后来被命名为"东风一号"。同年12月,我国又成功发射了两枚"东风一号"导弹。

16 - 成功发射"争气弹"

1960年11月5日,是我国导弹发展史上一个值得纪念的、具有里程碑意义的日子:中国终于研制出了"两弹"中的"一弹"。这一天,距离我从美国归来,刚好过去了整整5年的时间。

> **科学家小故事**
>
> ### 3次非常激动的时刻
>
> 钱学森在1991年接受"国家杰出贡献科学家"荣誉称号时,获奖感言是这样说的:
>
> "我这一辈子已经有了3次非常激动的时刻。第一次是在1955年,我被允许回国了;第二次心情激动(是被)接受为中国共产党的党员,我心情是非常激动;第三次心情激动,(是)读了《史来贺传》的序,雷锋、焦裕禄、王进喜、史来贺跟钱学森,作为(中华人民共和国成立)40年来在群众中享有崇高威望的共产党员的优秀代表,我简直心情激动极了,我说我钱学森,我跟劳动人民中最先进的分子连在一起了,那我激动得不得了!"

这才是你该追的星
钱学森

17
导弹不能带着疑点上天

> **科普小贴士**
>
> ### 迈出自主开展行星探测的第一步
>
> 　　2020年7月，中国首次火星探测任务"天问一号"发射升空，迈出了中国自主开展行星探测的第一步。在国际上首次通过一次发射，实现火星环绕、着陆、巡视探测，使中国成为世界上第二个独立掌握火星着陆巡视探测技术的国家。
>
> 　　"天问一号"于2020年7月23日发射升空，成功进入预定轨道；于2021年2月到达火星附近，实施火星捕获。2021年5月择机实施降轨，着陆巡视器与环绕器分离，软着陆火星表面，火星车驶离着陆平台，开展巡视探测等工作。
>
> 　　2021年6月11日，中国国家航天局举行了"天问一号"探测器着陆火星首批科学影像图揭幕仪式，公布了由"祝融

号"火星车拍摄的着陆点全景、火星地形地貌、"中国印迹"和"着巡合影"等影像图。

2021年11月8日,"天问一号"环绕器成功实施第五次近火制动,准确进入遥感使命轨道,开展火星全球遥感探测。截至2022年2月4日,"天问一号"在轨运行561天,"天问一号"还从火星祝贺北京冬奥会盛大开幕。

所有人都被吓得目瞪口呆

第一枚"争气弹",从严格意义上来说,还不能算是中国人自己完全自主设计和制造的导弹,而是在仿制苏联导弹的基础上研制出来的。不过,这同样是值得自豪和骄傲的,我们已经迈出了"两弹一星"的第一步,至少表明中国是完全有能力自行制造导弹的。

紧接着,聂荣臻指示,仿制的规模不宜太

大，因为苏联援助的都是一些老产品。于是，我们又开始了第二步和第三步，那就是在仿制的基础上进行改进和自行设计。当然，自行设计的难度要远远高于仿制。

"导弹研究院"自行设计的第一款导弹，是命名为"东风二号"的导弹，代号为"DF2"。这是中近程地对地战略导弹，全长20.9米，采用一级液体燃料火箭发动机，以过氧化氢和酒精为推进剂，最大射程达1300千米。

其实，在苏联专家撤走后不久，我就向中央军委递交了研制"东风二号"导弹的计划。经中央军委批准，在我的领导下，"导弹研究院"已经完成了"东风二号"导弹的总体设计方案。

在"东风一号"导弹成功发射的鼓舞下，"东风二号"导弹也加快了研制进度。1962年春节前，"东风二号"导弹发动机试车成功。春节后，"东风二号"导弹就被装上列车，从北京运往酒泉发射场。

3月21日，"东风二号"导弹已经竖立在酒泉发射场，准备发射。这一次，我没去现场，就在北京坐镇指挥。在指挥员下达点火命令之后，"东风二号"导弹发出巨大的声响和明亮的火光，起初一切正常，现场工作人员的脸上都挂着笑容。

转瞬间,"东风二号"导弹却突然失去控制,掉头向北飞去,从高处朝下跌落,坠落在离发射塔600多米远的地方,并发生剧烈爆炸。

原来,导弹飞离发射台后就失稳了,8秒后失去控制,弹体出现较大的摇摆和滚动,十几秒后发动机关机,随即着火,飞行了几十秒就坠毁爆炸了,还在地上砸了一个深4米、直径22米的大坑。

这个突如其来的状况,吓得现场所有人都目瞪口呆,因为谁都没有经历过如此震撼而沮丧的场面。

从失败中总结出一个重大原则

这次失败,给年轻的中国导弹研制团队当场泼了一盆冷水,也给我带来了相当大的压力,让"导弹研究院"的全体人员意识到了自行设计和研制导弹这项任务的复杂与艰巨。

聂荣臻立即给我打电话,让我火速带领一个工作组赶往酒泉发射基地,分析事故原因。

于是,我急匆匆地带队从北京飞往酒泉基地。虽然自己承受着无比巨大的压力,但一到现场,我还是表现得淡定从容,并一个劲地给大家鼓气,我深知自己的一举一动都会影响整个团队的士气和斗志。

这才是你该追的星
钱学森

我不但没有责备大家,反倒安慰道:"同志们,不就是摔下来一个'东风二号'吗?今天它掉下来了,明天我们再把它射上去,没什么了不起的。当年,我在美国的时候,写一篇很重要的论文,写成的只有几页,可是我写的底稿,却装满一个柜子。到底失败了多少次,我自己都数不清了。"

我还对大家说:"我们不要怕失败,失败了,总结经验教训,再重来。经过挫折和失败,会使我们长才干,变得更加聪明。取得成功,对我们是锻炼;遭受失败,同样可以使我们得到锻炼,而这种锻炼则更为重要,更为宝贵。"

我的这一连串讲话,当即就给大家吃了一颗定心丸,让整个团队的士气得到重振。

不过,更为关键的是,我要带领团队一起去分析这次发射失败的原因。当时的酒泉基地,还是天寒地冻,我就领着大家,冒着严寒在基地附近收集"东风二号"导弹的残骸和碎片。

花了整整两天时间,我们才把大部分的残骸和碎片找到。残骸和碎片被拉到导弹总体设计部试验车间,我又开始仔细分析发射失败的原因。

经过分析之后,我认为,这次导弹发射失败的一个重要原因，是在发射之前没有在地面进行充分的试验。只有在发射之前做好充分的地面测试，才能确保发射万无一失。

我进一步指出，在设计"东风二号"导弹的时候，设计人员是按照苏联导弹照猫画虎，没有对资料进行消化吸收，更没有掌握总体设计的规律。

从这次失败中，我汲取的经验不仅仅来自技术方面，还领悟了一个非常重要的原则："把一切事故消灭在地面上，导弹不能带着疑点上天。"从此以后，研制出的导弹必须在发射前在地面进行多项大型试验。全部通过试验之后，才能运往发射基地。

正是因为"东风二号"导弹发射失败后总结出来的这个重大原则，中国在此后发射的火箭和导弹，几乎没有再发生过类似的重大事故。这也充分验证了那句古话："失败乃成功之母。"

自行设计和研制的导弹终于发射成功

在总结完"东风二号"导弹发射失败的原因之后，我就"失踪"了。我不仅从中国科学院力学研究所"失踪"了，还从自己的家里"失踪"了。

自那以后，我三天两头就要出差，在酒泉发射基地一待就是十天半个月,有时甚至长达一个月。我的行踪严格保密,就连夫人蒋英也毫不知情。蒋英后来回忆说:"那时候,他什么都不对我讲。我问他在干什么,不说;问他到哪儿去,不说;问他去多久,也不说。"

事实上,"东风二号"导弹发射失败之后,我几乎都在基地工作,只在春节期间才回家几天。我要全力以赴解决"东风二号"导弹存在的那些问题。

经过和大家反复讨论,我终于找到了"东风二号"导弹坠落的罪魁祸首:"东风二号"跟"东风一号"的弹体直径一样,但是弹体的长度加长了。这是考虑"东风二号"导弹发射的距离比"东风一号"要远,所以推进剂要多装,拉长长度就是为了多装推进剂。

这样一来,"东风二号"导弹的弹体在发射之后,就像一根扁担一样产生了振动,这种弹体的弹性振动,最后导致了发射的失败。

经过仔细的调查和研究,我把事故的原因归结为两点:一是没有充分考虑导弹弹体是弹性体,飞行中弹体会产生弹性振动,与姿态控制系统发生耦合,导致导弹飞行失控;二是在进行发动机改进设计时提高了推力,但强度不够,导致导弹在飞行过程中因局部被破坏而起火。

找出真正的原因之后,我主持修改了"东风二号"导弹的设计图纸,研制出改进型"东风二号"导弹。我还提出,在发射之前,必须先通过17项地面试验。

那是1964年的春天,改进型"东风二号"导弹,在新的全弹试车台上进行试车。两次全弹试车,我们都取得了成功。

1964年5月4日,在"东风二号"导弹改进研制工作汇报会上,我向聂荣臻详细汇报了一年多来的工作情况。听完汇报后,聂荣臻说他感到心里更踏实了。

距离上次发射失败两年之后,经过不断的总结和测试,1964年6月29日上午7时,改进型"东风二号"导弹终于竖立在了酒泉发射基地的发射架上。这一次,我在发射现场坐镇指挥。

然而,就在为竖立在发射架上的导弹加注燃料时,我又突然接到总设计师的报告,由于高温引起液氧加速汽化,致使液氧贮箱不能按设计的容量加满,因而导弹将达不到预定的射程。这个突发的状况,一下子又让我坐立不安了。

这种情况还是第一次遇到,我和所有人员都在苦苦思索解决方法。就在这时,32岁的王永志想到了一个办法,通过对燃料温度的重新认识,他随机应变地提

这才是你该追的星
钱学森

出:"采用减少燃料(酒精)的办法,改变混合比,使整个导弹的飞行重量减轻,飞行的加速度变大,从而使导弹仍能到达预定的落点区域。"

经过具体计算,王永志得出,如果泄出600千克酒精,就可以实现上述目标。我当时听得很仔细,并不时让他将计算方法的细节讲清楚。

听完汇报后,我就立即叫来总设计师,斩钉截铁地告诉他,王永志的办法切实可行,就按这个意见实施。于是,大家立即从导弹中泄出600千克酒精,然后进入发射程序。

一切准备就绪,我向现场指挥员下达了点火命令。改进型"东风二号"导弹顺利升空,直冲云霄,按照预定的轨道,飞向千里之外的新疆荒漠。"命中目标!发射成功!"

中国人自行设计和研制的"东风二号"导弹终于发射成功了。这一次的导弹发射,没有辜负全体人员的心血,更对得起我玩"失踪"的那些岁月。

当时,我在酒泉基地兴奋不已地发表了一番感慨:"如果说,两年前我们还是小学生的话,现在至少是中学生了。短短两年,大家努力提高到中学水平,不简单。"

17 – 导弹不能带着疑点上天

成功进行导弹核武器的试验

"东风二号"导弹的成功发射，从此揭开了我国导弹发展征程上崭新的一页。紧接着，在1964年7月9日、11日，我们又两次发射了"东风二号"导弹，均获成功。三次试射，三次成功，这充分表明"东风二号"导弹已经具备稳定的技术基础。

从此，"东风二号"导弹开始装备于部队，成为第一种投入实战的中国自行设计和制造的中程地对地导弹。此后的几十年里，中国沿续了"东风"系列导弹的设计、研制和发射过程。

1964年10月16日，中国第一颗原子弹也爆炸试验成功，爆炸威力为2.2万吨TNT当量。当时负责研制原子弹的核心人物，是钱三强和邓稼先。

早在1964年9月，聂荣臻就明确宣布由我担任两弹结合飞行爆炸试验技术总负责人。这就要求把原子弹和导弹结合起来，原子弹要小型化，导弹也必须做出许多相应的技术改进。

后来，对于试验中出现的每一个问题，我都要求具体负责人一一落实解决。我对待核导弹的每一个细节都非常严格。核导弹按照原计划进行了一系列的地面测试，在装上核弹头之前，还要进行没有核弹头的发射，

这才是你该追的星
钱学森

这叫"冷试验"。

当时，我严格遵照周总理提出的"严肃认真，周到细致，稳妥可靠，万无一失"的16字方针，严格组织实施，不放过试验中出现的任何一个细小问题。

"冷实验"结束后，我于1966年10月20日返回北京，参加了周总理主持的中央专委会。周总理在听取汇报后，仔细询问了"冷实验"中的每一个细节，确定万无一失后，才下决心进行"热试验"。

1966年10月27日上午9时刚过，载有核弹头的"东风二号"甲导弹向地面喷射出橙黄色的火焰，伴随着巨大的轰鸣声，核导弹冉冉升起，消失在人们的视野之中。9分钟后，核导弹精确命中目标区，在预定高度实现了核爆炸。两弹结合的第一次试验获得圆满成功，人们欢呼雀跃。

从第一次核爆炸到小型化核弹头，美国用了13年（1945—1958年），苏联用了6年（1949—1955年），而我们中国只用了2年时间。

当天，《人民日报》就向全世界发了一条举世瞩目的消息，宣告中国成功地进行了导弹核武器的试验。10月28日，美国《纽约时报》也报道了这个重大消息。接连几天，西方媒体都争相报道了这一消息，并宣称中国成为第三个原子超级大国。

"东风二号"导弹成功发射后,在上级领导下,我又组织广大科技人员制定了《地地导弹发展规划》,也就是说要在1965—1972年这8年时间里研制出应用液体推进剂的,用于"两弹结合"的"东风二号"甲中近程导弹、"东风三号"中程导弹、"东风四号"中远程导弹和"东风五号"远程导弹,简称"八年四弹规划"。

在接下来的几年里,"东风三号"导弹、"东风四号"导弹相继发射成功。1971年9月10日,我国远程导弹第一次进行飞行试验,基本获得成功。

试验结果证明,我们的总体设计方案是可行的,各系统之间的工作大体上是协调的。但导弹在飞行过程中,姿态控制系统出现了短时间的振荡,当时第二级发动机提前30秒关机,落点相差太远。这说明,远程导弹的可靠性还存在一定的问题。

后来,又经过近10年的科技攻关,很多技术问题才得以顺利解决。1980年5月18日,在酒泉发射基地,我国成功发射了一枚远程弹道导弹,射程达到13000千米,再次震动了全世界。

虽然因为种种原因"八年四弹规划"未能在预定的时间内实现,但远程弹道导弹最终发射成功,标志着我国导弹和火箭研制工作取得了重大突破,在航天技术上迈了好几个台阶。

> **科学家小故事**
>
> ### 钱学森收藏的一根"小白毛"
>
> 基地的一位新战士发现弹体内有一根大约五毫米长的小白毛,担心因此造成通电接触不良,就用镊子夹、用细铁丝挑,仍然无功而返。最后,这位战士就一根猪鬃挑出了这根小白毛。后来,钱学森把这根小白毛仔细地包起来并带回北京,以此来勉励从事"两弹结合"的科研人员。

18
"两弹一星"终圆满

> **科普小贴士**
>
> ### 设立"中国航天日"
>
> 2016年,经中央批准、国务院批复,自2016年起,将每年4月24日设立为"中国航天日"。这是为了纪念中国航天事业成就,发扬中国航天精神而设立的。
>
> 把1970年4月24日我国发射自主研制的第一颗人造地球卫星作为开创性、奠基性的事件,并将4月24日设为"中国航天日",具有代表性和纪念性意义。
>
> 设立中国航天日,旨在宣传中国和平利用外层空间的一贯宗旨,大力弘扬航天精神,科学普及航天知识,激发全民族探索创新热情,凝聚实现中国梦的强大力量。

这才是你该追的星
钱学森

瞄准下一个更大的目标

中国拥有"两弹"之后,瞄准了下一个更大的目标,那就是希望在太空中拥有一颗属于自己的最亮的"星",即人造地球卫星。

要实现这个目标,除了造"星",最关键就是把人造地球卫星送上太空。当然,这就离不开火箭了,需要用更强大的火箭才能把人造地球卫星送上太空。

在此之前,苏联于1957年、美国于1958年各自成功发射了第一颗人造地球卫星,法国在1965年、日本在 1966年也相继发射了第一颗人造地球卫星。其实,毛主席早在1958年就说过我们也要搞人造地球卫星。

1958年,中国科学院成立以我为组长,赵九章和卫一清为副组长的领导小组,负责筹建进行人造地球卫星、运载火箭、卫星探测仪的设计和空间物理研究的机构。

18 - "两弹一星"终圆满

接下来，我主持拟定了中国人造地球卫星发展规划设想的草案，提出了三步走的规划：实现卫星上天，研制回收型卫星，发射同步通信卫星。

1963—1964年，我指导一个"四人小组"起草了一份发展空间技术的10年规划。这个小组的成员跟我多次讨论之后，完成了《中国1964—1973年空间技术发展规划（草案）》。

在1965年1月8日那天，我向聂荣臻提交报告，建议将卫星研制工作列入国家计划。此前，他就已经在上海机电设计院成立了卫星总体室，开始了探测卫星和返回式卫星的预研和方案论证工作。

我在报告中指出，现在看来，人造地球卫星有以下几种已经明确的用途：测地卫星、通信及广播卫星、预警卫星、气象卫星、导航卫星、侦察卫星。重量更大的载人卫星在国际上的应用，现在虽然还不十分明确，但也应有所准备。

1965年4月29日，《关于研制发射人造卫星的方案报告》建议在1970—1971年发射质量约为100千克的第一颗人造卫星。

5月4—5日，周总理主持召开第十二次专委会议，批准我国发射第一颗人造卫星的报告。中国科学院将这项任务作为1965年第一号任务，代号为"651"。

1968年2月，"空间技术研究院"组建，由我兼任首任院长。

卫星不放则已，一放就要成功

在"651"工程中，我主要负责总体，即卫星本体、运载火箭和地面系统这三个方面总的技术协调和组织实施工作。

我对卫星、运载火箭和地面观测系统都抓得很紧，每个方面、每个细节都不敢有丝毫懈怠。特别是对"长征一号"运载火箭和"东风四号"中远程导弹这对"孪生兄弟"，我更是殚精竭虑。

在运载火箭方面，我提出了一个更为快捷的实施方案。我不主张专为发射人造地球卫星设计研制运载火箭。我建议，充分利用已有导弹和探空火箭的技术基础，将两者结合起来，组成发射卫星的运载火箭。

我认为，走这个路子可以大大缩短研制时间，节省人力、物力。后来的事实也证明，这个研制思路是完全正确的。

因此，发射第一颗人造地球卫星的"长征一号"火箭就是在"东风四号"导弹的基础上，加第三级火箭组成的。

经过艰苦的工作，1969年的7月和8月，"长征一号"火箭连续进行一、二级，二级，二、三级和三级，共4次发动机全推力下的试车。我每次都到现场，密切关注试车中的技术问题。试车终于在8月22日取得了成功。

1969年11月16日，我国独立研制的第一枚中远程导弹"东风四号"，在酒泉发射基地进行了首次飞行试验。

出乎意料的是，导弹飞行十几秒后，跟踪曲线就出现了异常，人们没有在着陆区发现目标。飞机搜索了四天后，终于在距离发射地点约680千米处找到了导弹的残骸。

1970年1月下旬，我再次来到大西北发射基地，在凛冽的寒风中，指挥"东风四号"的发射。

1月30日，"东风四号"发射获得成功，第二级点火、两级分离、控制技术等都顺利通过考验。我终于松了一口气，这意味着"长征一号"运载火箭的关键技术得到基本解决。

在这几年里，经过我的协调，几十个单位协同攻关，对运载火箭和卫星各个部分都分别进行了测试。

1970年2月初，我来到卫星总装厂，对卫星本体

这才是你该追的星
钱学森

进行整体状态下的自旋试验,认真检查卫星的质量。同时,"长征一号"合练箭也运往酒泉基地,测试人员全部到达基地,对火箭进行现场测试。

从3月5日到21日,两颗卫星完成总装。按照工艺流程,每颗卫星都要经过15道工序,才能完成出厂前的全部工作。我来到卫星总装厂进行全面的质量复查,最后确认两颗卫星均达到了设计要求。

1970年3月26日,载着一枚"长征一号"火箭和一颗"东方红一号"卫星的专列出厂,我随车前往发射基地。

4月1日,专列顺利到达酒泉基地,我立即对运载火箭和卫星进行了检查,然后打电话向周总理汇报了情况。周总理放心不下,又通知我们回北京向他详细汇报。

于是,我、任新民和基地司令员等回到北京。我首先汇报了火箭和卫星的总体情况。周总理特别关心我国火箭第一级残骸的落点,预计卫星要飞行哪些城市等关乎人民生命财产安全的重大事宜。我都一一进行了详细汇报。周总理听完汇报后,终于放心了。

之后,我跟同来的一行人,火速返回酒泉基地,对运载火箭和卫星进行检查测试。

1970年4月24日21时35分,"长

征一号"终于点火,21时48分,现场指挥所里播出"星箭分离、卫星入轨"的喜讯,发射现场顿时沸腾,人们欢呼雀跃,甚至激动得热泪盈眶。

21时50分,国家广播事业局报告,收到了卫星播出的《东方红》乐曲,声音清晰、洪亮。22时20分,周总理就给基地打来电话,向大家表示祝贺。

4月25日晚,新华社向全世界宣布:1970年4月24日,中国成功地发射了第一颗人造地球卫星,卫星运行轨道的近地点高度439千米,远地点高度2384千米,轨道平面与地球赤道平面夹角68.5度,绕地球一周114分钟。卫星重173千克,用20.009兆周的频率播送《东方红》乐曲。

从卫星的重量来看,丝毫不亚于其他国家发射的第一颗人造地球卫星。苏联第一颗人造地球卫星重83.6千克,美国的第一颗为8.22千克,法国的为38千克,日本的为9.4千克,而中国第一颗人造地球卫星重达173千克。

"东方红一号"的成功发射,标志着中国的火箭技术达到了新的水平,终于填补了"两弹一星"事业的空白。

这才是你该追的星
钱学森

洲际导弹试验成功，再次震动全世界

1970年4月，当第一颗人造地球卫星发射成功以后，"东风五号"的研制工作就提上了日程。

我组织了北京市11个工业局、5个区、6个大专院校及中央12个部委和民航在京的所属工厂共116个单位，开始科研生产大协作。

这是一枚不同凡响的洲际导弹，根据技术与战术性要求，科研人员在广泛借鉴前面型号的技术和经验的基础上，还面临一些重大技术难关。我经常深入科研和试验第一线，指导多种技术攻关，协调解决各种问题。

1971年3月，第一枚洲际导弹"东风五号"遥测弹，终于研制出来了，并经安装测试后运往发射基地。这枚导弹为二级液体洲际导弹，全长35米，最大直径3.35米，总重190吨。

"东风五号"运到发射基地进行水平测试时，又不断出现问题，不是这个元件坏了，就是那个电路不通或短路。我只好冲在第一线，指挥大家有条不紊地工作。

当导弹竖在发射架上进行垂直测试时，突然出现回路抖动问题，振幅很大，连带发射架也一起跟着抖动。在场的人员，都被这一从未见过的严重现象惊呆了。

大家都把期待的目光投向我，我脸上带着微笑，背

18 – "两弹一星" 终圆满

着手，一边听取大家的意见，一边踱着步来回走动。

经过短暂的思考，我一锤定音，主要讲了两点意见：一是认为这个问题很复杂，不是这几天就能解决得了的；二是认为当火箭点火发射，离开发射架上天以后，就不会出现这种抖动问题了，这种抖动不影响发射。

我提出的这两点结论性的意见，最后就决定了这枚导弹的命运：打！

1971年9月10日，"东风五号"导弹进行了第一次飞行试验，基本成功。根据试验结果，1971年10月，总体设计部对洲际导弹的总体方案又提出了10项比较大的改动，进一步提高了其可靠性和作战使用性能。

从1978年10月至1981年12月，"东风五号"导弹进行了9次多种弹道与不同发射方式的飞行试验，全面考核了导弹的性能。

"东风五号"洲际导弹的全程发射试验要打到太平洋上，这就要求发射之前要把发射的落区划定在东经多少度、北纬多少度范围内，然后向全世界发表公告，在导弹试验期间禁止所有船只进入落区，以免发生危险。

圈定导弹的落区，是一件很困难的事。因为导弹落点存在误差，圈划大了，外国人会认为我们的导弹太不精确，划小了又怕打到外国船只，引起国际纷争。

技术人员谁也不敢定这个数据，我只好再次出马，接手了这个难题，最后的数据全部经过我拍板才对外公告。

1980年5月18日，"东风五号"首次向预定海域进行全程发射试验，并取得了圆满成功。

洲际导弹的试验成功，再次震动了全世界，这不仅具有巨大的军事意义和政治意义，而且为中国以后的长征系列运载火箭研制奠定了坚实的基础。

科学家小故事

富有人情味的钱学森

从1960年来到钱学森身边，直到1975年调离，整整15年，刁九勃是所有警卫人员中任期最长的。刁九勃如影随形工作在钱学森左右，他起早摸黑，兢兢业业，没有休息日。

刁九勃说，在钱学森身边工作15年，唯一的一次失误是在1970年4月24日。那天，中国第一颗人造地球卫星在酒泉卫星发射中心成功发射，他陪同钱学森在酒泉基地。

在庆祝胜利的晚宴上，大家互相敬酒，刁九勃开怀痛饮。回到招待所，刁九勃呕吐之后呼呼大睡。当刁九勃酒醒时已经是第二天上午11时了。

刁九勃赶紧跑去找钱学森，钱学森早就离开那里了。据招待所服务员转告，首长知道刁九勃昨晚呕吐，就关照让他好好休息。

对于那一次失误，刁九勃刻骨铭心，富有人情味的钱学森并没有批评他。从那以后，刁九勃再也没有在工作中出过差错。

19 退居二线，发挥余热

> **科普小贴士**
>
> **钱学森图书馆**
>
> 　　钱学森图书馆坐落在上海交通大学徐汇校区，是中国科学家国家级纪念馆、博物馆，于2011年12月11日钱学森100周年诞辰之际建成并对外开放。
>
> 　　馆内基本展览分为中国航天事业奠基人、科学技术前沿的开拓者、人民科学家风范和战略科学家的成功之道四个部分。馆藏钱学森同志文献、手稿和书籍76000余份，珍贵图片1500余张，实物700余件。

退休后的我，也没有闲着

　　1980年12月，刚满69岁的我，向上级领导递交了辞去职务的报告。从此，我逐渐退居二线。

当然，退休后的我，也没有闲着，而是力所能及地发挥着自己的余热，为继续推动中国的科技发展尽一己之力。

在1979年10月召开的北京系统工程学术讨论会上，我提出创建系统学。1986年1月7日，我倡导的"系统学讨论班"第一次正式活动，我做了题为"我对系统学认识的历程"的学术报告。

20世纪70年代末，国际上兴起研究"认知科学"，我站在科技发展的前沿，倡导创建思维科学。从1980年开始，我发表了一系列关于思维科学的文章。

在生命的最后20多年中，我还参与了国家一些相关科研项目的研究。1982年10月、1984年4月，我参与组织领导了中国潜艇水下发射导弹和地球静止轨道试验通信卫星发射任务。

从1986年到1991年，在

大家的一致推选下，我担任了5年的中国科协第三届主席。

在我的晚年，各种荣誉纷至沓来

1989年，78岁的我荣获国际技术与技术交流大会和国际理工研究所授予的"小罗克韦尔奖章"，同时入选"世界级科技与工程名人"，成为"国际理工所名誉成员"。被授予"世界级科技与工程名人"称号的共有16位科学家，我是唯一的中国学者。

在为祝贺我获得"小罗克韦尔奖章"举行的座谈会上，我对大家说："今天给我的奖，说是第一名中国人得此奖，我说，要紧的是'中国人'三个字，这个'中国人'，应该包括中国成千上万为此做出贡献的人。"

1991年10月16日，80岁的我荣获国务院、中央军委授予的"国家杰出科学家"荣誉称号和中央军委授予的一级英雄模范奖章。这是我所获得的最高荣誉。

1999年，中共中央、国务院、中央军委授予我"两弹一星"功勋奖章。

2001年，经国际小行星命名委员会审议批准，中国科学院紫金山天文台发现的国际编号为3763号小行星，被正式命名为"钱学森星"。

2009年9月25日，在中华人民共和国成立60周年大庆前夕，我入选以"中国因你而骄傲，世界为你而感动"为主题的"建国60周年感动中国60人"。

其实，我还严词拒绝了一个奖项。那是1985年，美国政府准备授予我美国科学和工程领域的最高荣誉——美国国家科学奖，并邀请我去美国领奖。

我当时毫不含糊地答复道："当年我离开美国，是被驱逐出境的，按照美国法律规定，我是不能再去美国的。美国政府如果不给我公开平反，今生今世绝不再踏上美国国土。"

我当时还这样说，如果中国人民说我钱学森为国家、为民族做了点事，那就是最高的奖赏，我不稀罕那些外国荣誉和头衔。

2009年10月31日上午，我走完了既短暂又漫长的98年人生之路，心脏停止了跳动。

这才是你该追的星
钱学森

> **科学家小故事**
>
> ### 钱学森之问
>
> 在聊到中国的科技发展时,钱学森总是不无感慨地说:"现在中国没有完全发展起来,一个重要的原因就是没有一所大学能够按照培养科学技术发明人才的模式去办学,没有自己独特的创新的东西,老是冒不出杰出人才。这是很大的问题。"
>
> 晚年的钱学森最担心的就是我国当时的教育体制没能培养出创新人才。
>
> 此后,教育界就有人把他忧虑的这个问题总结为"钱学森之问",那就是"为什么我们的学校总是培养不出杰出人才"。这个令人深思的问题,立刻引起了全国上下的广泛关注。